数字化平台促进公共服务治理现代化研究

陈怀锦　著

中国财经出版传媒集团
中国财政经济出版社
·北京·

图书在版编目（CIP）数据

数字化平台促进公共服务治理现代化研究 / 陈怀锦著. -- 北京：中国财政经济出版社，2024. 11.
ISBN 978 - 7 - 5223 - 3426 - 4

Ⅰ. C916. 2

中国国家版本馆 CIP 数据核字第 2024MJ0594 号

责任编辑：苏小珺　　　　责任校对：张　凡
封面设计：北京兰卡绘世　　责任印制：党　辉

数字化平台促进公共服务治理现代化研究
SHUZIHUA PINGTAI CUJIN GONGGONG FUWU ZHILI XIANDAIHUA YANJIU

中国财政经济出版社 出版

URL：http：//www. cfeph. cn
E - mail：cfeph@ cfeph. cn

社址：北京市海淀区阜成路甲 28 号　邮政编码：100142
营销中心电话：010 - 88191522
天猫网店：中国财政经济出版社旗舰店
网址：https：//zgczjjcbs. tmall. com
中煤（北京）印务有限公司印刷 各地新华书店经销
成品尺寸：170mm × 240mm　16 开　8. 75 印张　120 000 字
2024 年 11 月第 1 版　2024 年 11 月北京第 1 次印刷
定价：78. 00 元
ISBN 978 - 7 - 5223 - 3426 - 4
（图书出现印装问题，本社负责调换，电话：010 - 88190548）
本社质量投诉电话：010 - 88190744
打击盗版举报热线：010 - 88191661　QQ：2242791300

前 言

公共服务是保障国家和社会良好运行的物质载体，是现代国家治理的合法性基础。党的二十大报告提出："采取更多惠民生、暖民心举措，着力解决好人民群众急难愁盼问题，健全基本公共服务体系，提高公共服务水平，增强均衡性和可及性，扎实推进共同富裕。"21 世纪以来，我国公共服务事业取得重大进展，但仍存在供不应求、供需不匹配、供给效率偏低等问题，公共服务治理体系和治理能力有待进一步完善。随着以大数据、云计算、人工智能、区块链等为代表的新一代数字技术向公共服务领域渗透，诸多公共服务数字化平台应运而生，极大地推动了公共服务治理现代化，同时对国家治理体系和治理能力提出了新命题、新要求、新任务。

本书以政府采购领域的"政采云"平台和残疾人服务领域的"量体裁衣"服务平台为案例，前者兼具商业性和公益性，能够突出反映数字化公共服务平台在商业性与公益性之间如何平衡；后者涉及群体的公共服务需求，能够充分反映公共服务多样化、复杂性特征，突出反映数字化公共服务平台在"精细"赋能公共服务方面的作用和机制。在数字化平台促进公共服务治理现代化的过程中，涌现出众多值得探索的研究课题，本书基于案例的特殊性，重点关注关于数字化平台促进公共服务治理现代化的三大问题：（1）数字化公共服务平台建设和运营的最优模式；（2）从技术的角度看，数字化平台驱动公共服务治理变革的主要机制；（3）从组织的角度看，数字化平台促进公共服务治理现代化的主要路径。

本书主要发现如下：

（1）在资源和制度双重约束下，“政府主导＋市场建设运营”是建设与运营数字化公共服务平台的最佳模式。依托这种模式，政府部门或者公共服务供给者可以获得成本节省、效率提升、节能减排、组织优化等多重收益。特别地，与过去合作建设孤立的信息化系统项目不同，在该模式下，政企合作的产出是数字技术与平台模式融合而成的数字化平台。数字化公共服务平台带来了新技术和新模式，从而可以为公共服务提质增效提供更多的途径和支持。当然，新技术和新模式的引入既会打破原有的一些制度约束，又会出现一些新的制度困境，这就需要同步推进体制机制改革和政策体系创新。

（2）在现有制度背景下，数字化平台驱动的公共服务治理变革主要包含赋能与创新两大内容。一方面，数字化平台嵌入公共服务治理的需求管理、供给决策、服务管理和绩效评价并使之成为闭环，通过科学决策、高效供给、精准服务三重机制赋能公共服务治理。另一方面，数字化平台深刻影响公共服务治理模式，驱动公共服务治理模式在主体多元、关系重塑、职能转变等方面实现价值创新。此外，数字化技术驱动下的公共服务治理模式的创新既是技术赋能的衍生品，又是技术持续赋能的内在动力。

（3）数字化平台并不一定促进公共服务治理现代化，组织、制度等非技术因素的适应性调整必不可少。技术赋能公共服务治理的过程，不仅是技术嵌入的过程，更是技术与制度、组织动态耦合的过程。具体而言，技术赋能公共服务治理以增进制度的合法性为前提，技术赋能公共服务治理依附于制度和组织而被执行，技术与制度、组织的耦合进一步促进组织和制度变迁。

作者

2024 年 6 月

目　　录

1　绪论 ………………………………………………………………（1）

1.1　面向治理现代化的公共服务 ……………………………（1）

1.2　面向数字时代的公共服务 ………………………………（4）

1.3　国内外研究基础 …………………………………………（6）

1.4　数字化公共服务平台的概念和内涵 ……………………（15）

1.5　本书重点研究的三大问题 ………………………………（17）

2　数字化公共服务平台的发展与现状 ……………………………（20）

2.1　公共服务平台的发展与演变 ……………………………（20）

2.2　数字化公共服务平台的现状 ……………………………（23）

2.3　数字化公共服务平台的类型 ……………………………（27）

2.4　数字化公共服务平台的发展趋势 ………………………（29）

2.5　数字化公共服务平台的主要特征 ………………………（30）

3　数字化公共服务平台：典型案例与基本分析 …………………（34）

3.1　引言 ………………………………………………………（34）

3.2　浙江省“政采云”平台 …………………………………（37）

3.3　四川省“量服”平台 ……………………………………（46）

3.4　数字化公共服务平台的双边性质与特殊性 ……………（54）

3.5　小结 ………………………………………………………（62）

4 数字化公共服务平台的构建机制与运行逻辑 …………………（63）
4.1 引言 ……………………………………………………（63）
4.2 数字化公共服务平台的构建机制 ……………………（65）
4.3 数字化公共服务平台的作用机制 ……………………（70）
4.4 数字化公共服务平台的制度困境 ……………………（74）
4.5 小结 ……………………………………………………（80）

5 赋能与创新：数字化平台驱动公共服务治理变革 …………（83）
5.1 引言 ……………………………………………………（83）
5.2 理论基础与分析框架 …………………………………（84）
5.3 数字化平台赋能公共服务治理变革的路径 …………（86）
5.4 数字化平台驱动公共服务治理模式变革 ……………（90）
5.5 数字化平台驱动公共服务治理的基本效能 …………（95）
5.6 小结 ……………………………………………………（99）

6 不止技术：技术—组织—制度耦合与公共服务治理现代化 ……（101）
6.1 引言 ……………………………………………………（101）
6.2 研究方法概述 …………………………………………（104）
6.3 技术赋能与公共服务治理现代化：事件史描述 ……（105）
6.4 公共服务治理现代化：技术—组织—制度的动态耦合 …（110）
6.5 小结 ……………………………………………………（113）

7 总结与展望 …………………………………………………（114）
7.1 主要结论 ………………………………………………（114）
7.2 可能的创新 ……………………………………………（115）
7.3 研究展望 ………………………………………………（117）

参考文献 ……………………………………………………（119）

1 绪论

1.1 面向治理现代化的公共服务

推进国家治理体系和治理能力现代化是中国特色社会主义事业总体布局的关键一环，是一项长期且重大的历史任务。党的十九届四中全会审议通过了《中共中央关于坚持和完善中国特色社会主义制度　推进国家治理体系和治理能力现代化若干重大问题的决定》，明确了推进国家治理现代化的蓝图和时间表。党的二十大报告进一步将基本实现国家治理现代化作为2035年远景目标之一。国家治理现代化的主要内涵包括四个方面：一是国家治理的制度化、法治化、规则化与规范化；二是治理主体的多元化；三是治理手段的网络化；四是国家治理的价值取向既关注效率，又关注社会公平正义[①]。国家治理现代化还需要从动态的视角去理解，国家治理体系随着社会的发展进步而不断改革调整，国家治理能力要随着日益复杂的发展状况而不断优化提升。因此，国家治理现代化是一个动态变化的过程，即国家治理体系和治理能力不断适应现代化建设和发展的需要进行优化调整。国家治理现代化之所以变化，是因为现代化的衡量指标或评价标准是动态可变的，是随着经济社会发展而不断调整的。但是，变化中也有

① 卢洪友．从建立现代财政制度入手推进国家治理体系和治理能力现代化［J］．地方财政研究，2014（1）：6－11.

不变，即国家治理现代化的核心是实现国家治理的制度化、民主化、法治化、科学化、高效化，进而显著提升国家治理效能①。

公共服务是现代国家治理的合法性基础，公共服务治理现代化应当从国家治理现代化的要求出发。

（1）公共服务是国家治理的重要内容，也是推动国家治理现代化的重要途径。公共服务不但在治理价值、治理主体、治理结构、治理机制和治理方式等要素上与国家治理现代化高度契合，而且是推进国家治理现代化的重要微观路径②。要在国内外冲击和挑战更加艰巨的情况下，从容开启社会主义现代化国家建设新征程，就必须加快推进国家治理现代化，推进公共服务治理现代化是国家治理现代化必不可少的基础支撑。公共服务本身是一个较为宽泛的概念，因而公共服务治理现代化并未有明确的概念。考虑到国家治理现代化的核心目标是提高国家治理效能，可以从公共服务提质增效的角度来理解和界定公共服务治理现代化。也就是说，公共服务治理现代化的核心是通过优化治理模式、治理机制、治理手段，来更好地满足人民群众对公共服务的更高水平、更高质量的需要。当前，我国公共服务供不应求、供需不匹配、供给效率偏低等问题突出。相应地，除制度化、民主化、法治化、科学化等基本要素外，公共服务治理现代化的内涵还包括提供主体和渠道的社会化、供给质量的均等化、供给内容的差异化、供给手段的智能化、供给过程的高效化、供给结果的精准化等。

（2）公共服务治理现代化以满足人民群众美好生活需要为目标。党的十九大报告提出，“中国特色社会主义进入新时代，我国社会主要矛盾已经转化为人民日益增长的美好生活需要和不平衡不充分的发展之间的矛盾”。要在全面建成小康社会的基础上，乘胜开启全面建设社会主义现代化国家新征程，必须妥善解决好这一社会主要矛盾，更好地满足人民日益

---

① 吴汉东．国家治理现代化的三个维度：共治、善治与法治［J］．法制与社会发展，2014，20（5）：14－16；夏志强．国家治理现代化的逻辑转换［J］．中国社会科学，2020（5）：4－27＋204；周文彰．数字政府和国家治理现代化［J］．行政管理改革，2020（2）：4－10.

② 胡志平．国家治理现代化的公共服务路径［J］．探索，2015（6）：87－92.

增长的美好生活需要是重中之重。在我国基本公共服务总体均等化阶段性目标取得显著成效的基础上，《"十四五"公共服务规划》确立了新阶段公共服务高质量发展的目标：一是基本公共服务均等化水平明显提高，二是普惠性非基本公共服务实现提质扩容，三是生活服务高品质多样化升级。党的二十大报告进一步强调，"采取更多惠民生、暖民心举措，着力解决好人民群众急难愁盼问题，健全基本公共服务体系，提高公共服务水平，增强均衡性和可及性，扎实推进共同富裕"。

加快建设和完善公共服务体系，是经济社会发展到一定阶段的必然要求，也是促进科学发展、社会和谐和政府职能转变的核心内容。进入21世纪，我国对公共服务体系建设的重视程度不断提升①，推动公共服务事业发展取得重大进展：公共服务的供给水平和质量明显提高，基本公共服务均等化阶段性目标基本实现，教育、医疗、社会保障等公共服务覆盖更多的地区和人群。但是，受发展阶段等因素的影响，我国公共服务体系的三大问题仍然存在：一是公共服务供给不足，无法满足社会需要；二是公共服务结构失衡，服务质量参差不齐，服务效果缺乏保障；三是公共服务效率不高，资源区域配置不合理，资源紧缺与资源冗余并存，公益性缺位和资源浪费并存。与"幼有所育、学有所教、劳有所得、病有所医、老有所养、住有所居、弱有所扶"这一社会发展目标相比，我国公共服务体系还存在较大差距。例如，在托幼方面，我国托幼托育机构发展缓慢、服务供给严重不足，从各类调查结果看，托育需求远高于儿童入托率，与国际平均33%的婴幼儿入托比例相比，我国0—3岁婴幼儿在各类机构的入托率仅为5.5%左右②。在教育领域，优质且价格适中的幼儿园资源相对紧缺。

① 党的十七大提出，"加快推进以改善民生为重点的社会建设"，并强调"必须在经济发展的基础上，更加注重社会建设，着力保障和改善民生，推进社会体制改革，扩大公共服务，完善社会管理，促进社会公平正义"。党的十八大进一步指出，"加强社会建设，必须以保障和改善民生为重点"，且强调要"大力促进就业、加快发展教育、完善社会保障、推进基本公共服务均等化、加大收入分配调节力度"。党的十九大提出，"提高保障和改善民生水平，加强和创新社会治理"。

② 国家卫健委：我国现有托育机构4000余家 市场积极活跃[EB/OL].(2021-07-21). https://baijiahao.baidu.com/s?id=1705880791993245019&wfr=spider&for=pc.

在医疗卫生领域，名院看病难也是普遍存在的现象，儿童医疗、精神卫生、康复护理等医疗卫生资源存在较大缺口，满足特殊需求的医疗服务和卫生保健服务供给依然不足。在养老服务领域，存在养老机构资源紧缺的问题，公办养老机构一床难求，而民营养老机构因价格或服务条件问题使许多老年人望而却步，社会力量在提供居家养老服务方面供给不足等。必须加快推进公共服务治理现代化，切实扩大公共服务供给规模、优化公共服务供给结构、提高公共服务供给效率。特别是在财政收入增速放缓、财政收支矛盾加剧的形势下，公共服务治理现代化更需要考虑在稳定加大公共服务投入的同时，确保公共服务提质增效，最大程度地发挥公共服务的支持和促进作用。

1.2 面向数字时代的公共服务

进入21世纪，大数据、云计算、人工智能、区块链等新一代数字技术不断突破，并随着互联网、智能终端等的日益普及而快速渗透，推动经济、社会和政府加快实现数字化转型，是推动新质生产力发展的重要力量。经济方面，我国数字经济快速发展，成为国民经济持续稳定增长的核心动能。我国数字经济增加值规模从2005年的2.62万亿元增加至2020年的39.2万亿元，占GDP比重从14.2%提高至38.6%。2022年，我国数字经济规模首次突破50万亿元，数字经济占GDP的比重达到41.5%①。社会方面，基于数字技术和数字平台的公共服务日益普遍，教育、医疗卫生、社会保障等各个领域的数字化水平明显提升，智慧城市和数字乡村建设也在加快推进。政府方面，数字技术已经在政府采购、政务服务、公共服务等领域全面渗透，推动政府运行和政府治理开启新一轮的流程再造和职能转变。

充分发挥数字技术的积极作用既是建设社会主义现代化强国的必然路

① 数据来源：中国信息通信研究院。

径，也是推进国家治理体系和治理能力现代化的必然选择。2019年10月，党的十九届四中全会明确提出，“建立健全运用互联网、大数据、人工智能等技术手段进行行政管理的制度规则。推进数字政府建设，加强数据有序共享”。2020年10月，党的十九届五中全会审议通过《中共中央关于制定国民经济和社会发展第十四个五年规划和二〇三五年远景目标的建议》，提出“坚定不移建设数字中国”，强调“加强数字社会、数字政府建设，提升公共服务、社会治理等数字化智能化水平”。2021年3月，十三届全国人大四次会议表决通过《中华人民共和国国民经济和社会发展第十四个五年发展规划和2035年远景目标纲要》（以下简称《纲要》），在第五章“加快数字化发展，建设数字中国”部分明确提出，“迎接数字时代，激活数据要素潜能，推进网络强国建设，加快建设数字经济、数字社会、数字政府，以数字化转型整体驱动生产方式、生活方式和治理方式变革”。2023年，中共中央、国务院印发《数字中国建设整体布局规划》，为加快建设数字政府描绘了清晰路线。在“两个一百年”奋斗目标的历史交汇期，建设数字中国上升为关乎经济社会发展的重大战略。

公共服务是数字中国建设的核心内容之一，公共服务是让数字经济、数字社会和数字政府三者紧密关联的重要因素。首先，优质、高效、多元化的公共服务，是建设数字经济和数字社会的重要基础和根本保障。其次，实现公共服务提质增效，是建设数字政府的重要目标和核心抓手。《纲要》提出，“将数字技术广泛应用于政府管理服务，推动政府治理流程再造和模式优化，不断提高决策科学性和服务效率”。最后，依托公共服务，数字经济和数字社会同数字政府相互依赖、相互促进。相比市场和社会，我国政府的数字化转型明显滞后。加快建设数字政府，需要数字经济和数字社会在技术、人才等要素上提供支持，并通过应用场景、直接或间接需要提供动力，这些都将在公共服务供给中一一实现。同时，基于数字政府的数字化公共服务是数字经济和数字社会持续发展的根本保障，这在数据要素供给上表现得尤为明显。目前，我国80%以上的信息数据资源掌握在各级政府手中[①]，且这些数据具有私人数据难以具备的全覆盖、专业化、行业性、权威性等特征，是蕴含巨大公共价值的宝藏。如果没有数字政府的支撑，这些宝藏将成为沉没资产，而数字经济和数字社会也将因为数据要素不足而难以为继。

1.3 国内外研究基础

1.3.1 信息技术与公共服务治理变迁

公共服务是公共部门的主要职能，随着公共管理范式的演变，公共服务治理理念与方式发生了深刻变化。20 世纪 80 年代起，英国、美国等实施“重塑政府”“新公共管理”，公共服务治理的理念与方式发生了深刻变化，新公共管理理论（new publica management，NPM）成为新的主流范式[②]。与传统公共管理范式不同，新公共管理范式主张在公共部门引入私营部门的管理方法和竞争机制，以“提高客户满意度”为中心，提高政府公共服务的供给质量与效率[③]。运用现代信息技术、推进电子政务，就是新公共管理运动的重要内容之一和重塑政府的主要途径[④]。已有研究表明，信息技术，或信息通信技术（information and communication technologies，ICT）在公共部门的应用，可以加快公共信息传递、提升政府效率、增加政府管理透明度，从而有助于抑制和减少腐败，并且为市场和社会主体参

---

① 张砥．在信息公开问题上政府的“说”就是“做”［N］．北京日报，2016－05－13（003）．

② 陈振明．评西方的“新公共管理”范式［J］．中国社会科学，2000（6）：73－82＋207；竺乾威．新公共治理：新的治理模式？［J］．中国行政管理，2016（7）：132－139；吕志奎．通向包容性公共管理：西方合作治理研究述评［J］．公共行政评论，2017，10（2）：156－177＋197.

③ 其中，核心是遵循“4E”原则，即经济性、效率性、效益性、公平性。

④ 蔡立辉．应用信息技术促进政府管理创新［J］．中国人民大学学报，2006（4）：144－151.

与公共治理提供便捷渠道[①]。因此，发挥信息技术在公共治理特别是公共服务治理中的积极作用，是新公共管理变革的核心内容。

NPM 范式对各个国家的公共部门运行和公共服务治理产生了深刻影响，但在提高效率的同时也引发了不少负面问题，主要包括：一是该范式过度强调市场和企业化运作，削弱甚至破坏了公共价值观[②]；二是分散化、小型化的公共部门表面上提高了行政效率，实际上却削弱了政府处理综合性问题的能力；三是公共部门内部呈现分割化、碎片化、空心化，极大地影响了公共政策的制定与执行，进而降低了公共服务的供给效率[③]。

20 世纪 90 年代末，美国学者丹哈特夫妇在继承和批判 NPM 范式的基础上，提出了新公共服务理论（new public service，NPS）[④]，着重强调公共服务的公平、回应、参与、公民精神、公共利益、社会正义等要素。尽管该理论并未成为公共管理领域的主导范式，但它为构建透明、合法、责任、回应、绩效、服务型政府提供了有益的理论指导，在公共管理和政府实践中得到了广泛认可和应用[⑤]。特别地，ICT 在公共部门的应用，使 NPS 从理论创新加快走向行政实践，这是因为 ICT 使政府与公民之间的交流更加便捷，更易将公民需求更加广泛、及时地纳入政策制定过程中，从而提高公共服务的供需匹配度，甚至实现公共服务的定制化[⑥]。同时，ICT 的使用还使政府部门之间、政府与市场和社会主体之间能够实现信息共享，进

---

① Bhatnagar S. Using ICT to improve governance and service delivery to the poor [A]; Deolalikar A B, Jha S, Quising P F. Governance in Developing Asia: Public Service Delivery and Empowerment [M]. Northampton: Edward Elgar Publishing, Inc., 2015: 296.

② Bozeman B. Public Values and Public Interest: Counterbalancing Economic Individualism [M]. Washington, DC: Georgetown University Press, 2007: 7.

③ 孙珠峰，胡伟．后新公共管理改革的起因研究［J］．学术探索，2015（1）：7－17.

④ Denhardt R B, Denhardt J V. The New Public Service: Serving Rather Than Steering [J]. Public Administration Review, 2000, 60 (6): 549－559；王丽莉，田凯．新公共服务：对新公共管理的批判与超越［J］．中国人民大学学报，2004（5）：104－110.

⑤ Denhardt J V, Denhardt R B. The New Public Service Revisited [J]. Public Administration Review, 2015, 75 (5): 664－672.

⑥ Bekkers V, Zouridis S. Electronic Service Delivery in Public Administration: Some Trends and Issues [J]. International Review of Administrative Sciences, 1999, 65 (2): 183－195.

而为创新政企政社合作方式、扩大公共服务规模奠定坚实基础，而这正是NPS所倡导的公共服务理念。

同一时期，以英国希克斯和登力维为代表的学者，在批判NPM导致的公共部门碎片化、分散化的基础上，提出了整体性治理理论（holistic governance，HG）[①]。该理论强调在公共政策制定和公共服务供给中，应采用交互、协作和一体化的管理方式，通过整合和协调政府及其内部各层级、社会组织、公民等各类主体，有效利用稀缺资源，为公民提供全天候、无缝隙服务[②]。该理论在英国备受推崇，是其推进整体政府改革的重要理论基础。与NPM和NPS相比，信息技术对HG理论的产生和实践产生了更为深刻的作用。在相当程度上，整体性治理取决于信息技术的发展水平[③]。以数字化、智能化为趋势的信息技术的发展，既要求政府实现信息集中、整合、节约，也为政府整体性治理提供了可能。相应地，建立一种新的信息基础、信息分类和信息系统，是整体性治理的重要内容之一。

与HG理论更多关注和解决政府部门内部碎片化弊病不同，以戈德史密斯和艾格斯为代表的学者从政府与市场、社会联动的角度，倡导网络治理理论（governing by network，GN）。在网络治理中，政府的作用是通过提供一个共同决策的平台，为私营部门、公民个体等多元利益相关方提供介入和参与的机会和资源。同时，政府运用发达的信息技术，通过自下而上的决策途径来治理公共服务[④]。其中，信息技术的运用也是网络治理的必要基础。

随着云计算、人工智能、区块链等新技术的兴起和迅速普及，信息技术逐渐成为公共服务治理变革的中心。新技术的发展不但推动着公共服务和公共管理的变革，而且成为公共管理变革的中心，而不仅仅是提供技术

---

① Perri P, Leat D, Seltzer K. Towards Holistic Governance: The New Reform Agenda [M]. UK. Palgrave: Basingstoke, 2002.

② 胡颖廉. 西方公共管理理论新进展 [N]. 学习时报，2014-10-27（006）.

③ 竺乾威. 从新公共管理到整体性治理 [J]. 中国行政管理，2008（10）：52-58.

④ 斯蒂芬·戈德史密斯，威廉·D. 埃格斯. 网络化治理：公共部门的新形态 [M]. 孙迎春，译. 北京：北京大学出版社，2008：17.

支撑。以 Dunleavy 为代表，西方公共管理学界提出了“数字时代治理”（DEG）分析范式，其逐渐取代 NPM 成为数字时代公共部门管理的主导范式[①]。其中，DEG 主要有三大理论主张：一是重新整合，旨在解决 NPM 带来的碎片化问题；二是以需求为基础的整体主义，旨在简化并变革政府机构和公民个体间的关系；三是数字化变革，旨在实现政府部门内的组织变革和文化变革，以及外部公众和私营部门的行为改变[②]。

综上，自 20 世纪 80 年代以来，信息技术特别是后续发展的数字技术不但在提升公共服务治理效率方面发挥着日益重要的作用，而且已成为公共服务治理变革的核心，推动着理论和实践不断演进[③]。

1.3.2 数字政府与公共服务治理

随着大数据、云计算、人工智能等新一代数字技术不断向公共治理领域渗透，数字技术成为提升政府治理能力和效率的重要手段和工具[④]，也给国家治理体系和治理能力提出了新命题、新要求、新任务。与此同时，各级政府加快推进数字政府建设，政府运行特别是各项业务逐步从信息化、自动化向数字化、智能化转型[⑤]。建设数字政府成为加快实现国家治理现代化的必由之路和关键支撑[⑥]，这已经是社会各界的共识。正因如此，我国将建设数字中国特别是数字政府提升至国家战略高度。

我国“数字政府”最早出现于地方实践，浙江、广东等数字经济发展

---

① Dunleavy P, Margetts H, Bastow S, Tinkler J. New Public Management is Dead—Long Live Digital - Era Governance [J]. Journal of Public Administration Research and Theory, 2006, 16 (3): 467 - 494.

② Dunleavy P, Margetts H, Bastow S, Tinkler J. Digital Era Governance: It Corporations, the State, and E - Government [M]. Oxford, UK: Oxford University Press, 2006: 228 - 237.

③ 韩兆柱，翟文康．西方公共治理前沿理论述评 [J]．甘肃行政学院学报，2016 (4): 23 - 39 + 126 - 127.

④ 王志刚．财政数字化转型与政府公共服务能力建设 [J]．财政研究，2020 (10): 19 - 30.

⑤ 戴长征，鲍静．数字政府治理——基于社会形态演变进程的考察 [J]．中国行政管理，2017 (9): 21 - 27.

⑥ 孟天广．政府数字化转型的要素、机制与路径——兼论“技术赋能”与“技术赋权”的双向驱动 [J]．治理研究，2021, 37 (1): 2 + 5 - 14.

较好的省市率先提出了“政府数字化转型”或“数字政府”建设总体规划，并因地制宜提炼出数字经济的不同内涵。党的十九届四中全会首次在中央层面提出“数字政府”概念，使其有了更高的定位、更广泛的内涵。所谓数字政府，就是要实现政府全方位的数字化转型，使治理理念、职责边界、组织形态、履职方式、治理手段等方面均能适应数字经济和数字社会的发展需要和治理需要①。整体上，建设数字政府的核心作用在于：一是对数字、数字经济、数字社会进行治理，包括数据确权、数据立法、隐私保护、政府数据开放共享等；二是利用数字技术进行治理，即通过引入新兴治理技术来提升政府治理能力和治理效能。例如，利用大数据、人工智能等数字技术来创新或改进治理方式、治理手段、治理机制，全面提升政府的信息汲取、数据治理、数字规制、公共服务供给等能力②。

就公共服务供给的数量不够、质量不高、效率不足问题，数字政府能够在多个方面发挥作用：一是优化公共资源配置，在不增加财政支出压力的同时有效提升公共服务规模和效能；二是加强政企、政社间交流与沟通，提高公共服务的供需匹配性，更好地满足企业和居民的多元化、差异化需求；三是提高政府服务的精细化、智能化、社会化水平，切实提升公共服务供给效率；四是消除央地等不同政府层级、政府部门之间、政府与市场、政府与社会之间的信息不对称，实现公共服务治理的动态化、精准化和实施化，减少“搭便车”、腐败、规制俘获等问题，为推动公共服务

---

① 鲍静，贾开．数字治理体系和治理能力现代化研究：原则、框架与要素［J］．政治学研究，2019（3）：23－32＋125－126；黄璜．数字政府：政策、特征与概念［J］．治理研究，2020，36（3）：2＋6－15；鲍静，范梓腾，贾开．数字政府治理形态研究：概念辨析与层次框架［J］．电子政务，2020（11）：2－13.

② Khoury M J，Ioannidis J P A. Big Data Meets Public Health［J］. Science，2014，28，346（6213）：1054－1055；Stephane L. We All Need Help：“Big Data” and the Mismeasure of Public Administration［J］. Public Administration Review，2016，76（6）：864－872；Maciejewski M. To Do more，Better，Faster and More Cheaply：using Big Data in Public Administration［J］. International Review of Administrative Sciences，2017，83（1）：120－135；孟天广，张小劲．大数据驱动与政府治理能力提升——理论框架与模式创新［J］．北京航空航天大学学报（社会科学版），2018，31（1）：18－25.

供给的全方位提质增效奠定坚实基础①。因此，数字政府是扩大公共服务供给数量、提升服务质量和供给效率的关键途径，在落后地区或偏远地区更是具有广阔的用武之地，可广泛运用于农业、教育、医疗卫生、治安、科技创新等领域②。

除数字技术或数字化转型对公共服务提质增效的作用机制外，已有研究还广泛关注两个方面：一是公共服务数字化转型的困难、挑战与应对③；二是数字化转型支撑下的公共服务改革创新④。

1.3.3 平台政府与公共服务治理

随着政府数字化程度逐步提升，平台模式得以在我国政府治理领域深度渗透，平台政府成为建设数字政府的基本模式。也就是说，政府在组织形式上演变为数字化平台，或者通过各种类型的数字化平台来履行各项职能。相应地，平台政府及其与公共服务的关系也成为学者们的重要关注点。

"平台政府"或"政府即平台"这一概念，最早由 O'Reilly 在其《政

---

① Aker J. Information from Markets Near and Far: Mobile Phones and Agricultural Markets in Niger [J]. American Economic Journal: Applied Economics, 2010, 2 (3): 46 – 59; Nakasone E, Torero M, Minten B. The Power of Information: The ICT Revolution in Agricultural Development [J]. Annual Review of Resource Economics, 2014 (6): 533 – 550; Aker J C, Ghosh I, Burrell J. The Promise (and Pitfalls) of ICT for Agriculture Initiatives [J]. Agricultural Economics, 2016, 47 (S1): 35 – 48.

② Aker J C. Dial A for Agriculture: A Review of ICTs for Agricultural Extension in Developing Countries [J]. Agricultural Economics, 2011, 42 (6): 631 – 647.

③ Gorla N. Hurdles in rural e – government projects in India: Lessons for developing countries [J]. Electronic Government An International Journal, 2008, 5 (1): 91 – 102; 姜雯昱，曹俊文. 以数字化促进公共文化服务精准化供给：实践、困境与对策 [J]. 求实，2018 (6): 48 – 61 + 108 – 109; 马亮. 中国农村的"互联网 + 政务服务"：现状、问题与前景 [J]. 电子政务，2018 (5): 74 – 84; Jarke J. Co – creating digital public services for an ageing society: Evidence for user – centric design [M]. Cham: Springer, 2020: 17 – 20; 谢秋山，陈世香. 中西部农村公共服务数字化转型面临的挑战及其应对 [J/OL]. 电子政务，2021 – 04 – 09, http://kns.cnki.net/kcms/detail/11.5181.TP.20210409.0847.002.html.

④ 马名杰. 数字技术及创新推动公共服务领域改革的特征和趋势 [J]. 发展研究，2018 (1): 16 – 18; 温雅婷，余江，洪志生，陈凤. 数字化转型背景下公共服务创新路径研究——基于多中心—协同治理视角 [J]. 科学学与科学技术管理，2021, 42 (3): 101 – 122; 陈潭，王鹏. 大数据驱动公共卫生应急治理的智慧表征与实践图景 [J]. 电子政务，2021 (6): 85 – 99.

府即平台》[①] 一文中提出，即将平台模式和平台概念拓展到了政府治理领域。一经提出，“平台政府”便得到了部分国家的高度重视[②]，英国、美国更是将其纳入本国数字政府建设的总体规划。英国最早开始建设平台政府，并取得了积极效果。2012 年，英国颁布《政府数字化战略》，部署实施“数字政府即平台”工作，即：由政府数字服务组（government digital service）提供数字化技术平台（或通用共享平台设施），其他政府部门或第三方在平台上开发附加应用，并鼓励用户通过该平台访问政府业务，以此推动实现以该平台为基础的政府数字化转型。2017 年，英国政府发布《政府转型战略（2017—2020）》（Government Transformation Strategy 2017 to 2020）[③]，进一步强化“数字政府即平台”理念，促进跨政府部门建设共享平台，提高政府数字服务效能[④]。

在总结英国、美国等实践和国内探索的基础上，一些文献开始探讨如何通过打造平台政府来加快数字政府建设。其中，北京大学课题组通过对各地创新实践进行梳理和总结，提出了建设“平台驱动的数字政府”的方法框架，并详细论述了如何从决策科学化、执行高效化和监督立体化等方面推进政府治理能力现代化[⑤]。同时，已经形成普遍共识的是：建设平台政府或者基于平台模式的数字政府，必须充分借鉴商业领域的经验做法，并获取市场和社会对于技术、人才、基础设施等的支持。考虑到数据已经成为数字时代经济社会发展必不可少的要素，打造政府大数据平台[⑥]、推

---

① O'Reilly T. Government as a Platform [J]. Innovation: Technology, governance, globalization, 2011, 6 (1): 13 -40.

② Accenture. Government as a Platform: 2018 GaaP Readiness Index [EB/OL]. [2018 -8 -31], https://www.accenture.c-om/us-en/insights/public-service/government-as-a-platform.

③ 参见：https://www.gov.uk/government/publications/government-transformation-strategy-2017-to-2020.

④ 张晓，鲍静．数字政府即平台：英国政府数字化转型战略研究及其启示［J］．中国行政管理，2018（3）：27 -32.

⑤ 北京大学课题组．平台驱动的数字政府：能力、转型与现代化［J］．电子政务，2020（7）：2 -30.

⑥ 杜超，赵雪娇．基于“政府即平台”发展趋势的政府大数据平台建设［J］．中国行政管理，2018（12）：146 -148.

进数据开放共享[①]也成为平台政府建设的核心。

依托数字技术，数字化平台可以为亿万用户提供各种各样的服务，这对于面临“公共服务需求日益增加但公共服务能力缓慢增长”的政府而言无疑是一剂良方。因此，平台政府或者说以数字化平台为核心的数字政府，其核心作用就是更加有效地提供公共服务。也可以说，满足市场和社会对公共服务的需要，是平台政府建设发展的第一要务[②]。英国、美国等推动的平台政府第一阶段，就是用数字技术来优化公共服务供给。基于数字化平台，政府部门可以提供“一站式”“一体化”服务，从“大水漫灌”转向“精准滴灌”，从而实现公共服务的精准化和高效化[③]。在我国，数字化公共服务平台已经广泛应用于交通、医疗卫生、教育、公共安全等领域。就像公共服务平台可以从支付宝、微信等商业平台进入一样，平台互联互通成为数字化时代公共服务供给的一种基本模式[④]。同时，数字化平台也从多个维度推进公共服务供给模式的创新和变革，且呈现出供给主体多元协同化、供给方式集成便捷化、供给内容精准个性化、供给效果标准可视化等趋势[⑤]。

1.3.4 研究评述

在公共服务领域，数字化平台快速发展，连接着居民、企业、政府部门、社会组织等各类主体，已成为经济社会发展不可或缺的要素。数字化平台是否以及如何影响公共服务治理现代化？在公共服务治理现代化迫在

---

① 徐信予，杨东．平台政府：数据开放共享的“治理红利”［J］．行政管理改革，2021（2）：54－63．

② 王少泉．新时代我国数字政府治理平台建构分析［J］．中共山西省直机关党校学报，2018（4）：36－40．

③ 周文彰．数字政府和国家治理现代化［J］．行政管理改革，2020（2）：4－10．

④ 张会平，李茜，邓琳．大数据驱动的公共服务供给模式研究［J］．情报杂志，2019，38（3）：166－172＋179．

⑤ 刘晓洋．大数据驱动公共服务供给的变革向度［J］．北京行政学院学报，2017（4）：73－79；上官莉娜，潘晨．大数据驱动的公共服务供给模式变革：逻辑、类型与向度［J］．电子政务，2021（3）：73－82．

眉睫、建设数字中国成为国家战略、数字化平台中枢作用日益凸显的背景下，深入探讨这一问题具有突出的理论价值和现实意义。

作为世界上最大的发展中国家，我国在取得经济建设和社会发展方面伟大成就的同时，也面临着制度体系建设滞后、国家治理水平相对低于现实需要等突出问题。在利用数字技术和数字化平台推进国家治理现代化的过程中，必须正视制度体系和治理体系的特殊性，在探讨数字化平台与公共服务治理现代化的关系时同样需要如此。但是，现有文献主要关注数字技术对公共服务治理的影响及作用机制，技术在一定程度上被视为影响公共服务治理变革的关键因素[①]。这种“技术—治理”的二维逻辑容易形成一种过度技术主义的改革思路[②]，最终引致“重物轻人”等不当倾向和“南辕北辙”等消极结果。公共服务治理本质上应该是超越技术的治理，即必须以制度、文化、组织等为中心[③]。关于此，全球疫情防控效果的极度分化便是典型例证，即制度、文化、组织等非技术因素在很多时候是决定治理效果或效能的更关键因素。

因此，在考察数字化平台与公共服务治理现代化之间的关系时，有必要将制度、文化、组织等非技术因素纳入分析框架。本书尝试对此进行初步探索，从剖析技术因素与制度、组织等非技术因素之间的互动关系入手，全面探讨数字化平台促进我国公共服务治理现代化的主要路径，其潜在价值主要包括：一是对数字化平台促进公共服务治理现代化问题进行更加系统的剖析，为推进相关研究提供必要补充；二是增进对公共服务治理现代化各种影响因素的认识和理解，为更好地推进数字政府建设、加快实现国家治理现代化提供有价值的参考。数字技术和平台模式的广泛渗透，对于国家治理体系和治理能力来说是“一枚硬币的两面”。国家治理既要充分发挥数字技术、数字化平台等的积极作用，也要根据其发展需要对制

---

① Mueller M L. Ruling the root: Internet Governance and the Taming of Cyberspace [M]. Cambridge, MA.: MIT Press, 2002.

② 黄晓春，嵇欣．技术治理的极限及其超越［J］．社会科学，2016（11）：72－79.

③ 韩志明．技术治理的四重幻象——城市治理中的信息技术及其反思［J］．探索与争鸣，2019（6）：48－58.

度、组织等进行适应性调整，即技术与制度、组织并重①。如果仅关注前者（即技术因素），就很难真正实现可驾驭数字化时代的国家治理现代化。本书以公共服务治理为重点进行探讨，相关结论将有助于人们正确认识和处理好制度、组织与技术之间的关系。

1.4 数字化公共服务平台的概念和内涵

进入互联网时代，植入信息通信技术之芯的平台模式大放异彩，成为经济社会活动的一种重要组织方式。所谓平台模式，是指对组织和制度结构进行创新，建构主要由平台运营商、供给方用户、需求方用户、平台支撑体系等主体组成的生态体系②。平台模式运行的载体或直接产物，就是平台（通常是双边平台或多边平台），其作用主要包括：为不同用户群体提供实体或虚拟的交互场所、降低用户之间的交互或交易成本、协调用户间需求、内部化用户组之间存在的多重外部性（或为用户创造或提供某种价值）③。值得强调的是，平台不仅是个“场所”，还是技术、组织、机制等构成的复杂系统，因而在商业领域“平台”等同于“市场”。

平台模式最初主要应用于消费领域，天猫商城、京东商城、亚马逊、当当网等电子商务平台是典型代表。随着数字化转型的不断推进，平台模式加快从消费向研发、生产制造、公共服务、社会治理等领域全面渗透，平台化成为数字经济时代的核心特征和发展趋势④。数字化与平台化融合并进，便催生了数字化平台，即充分利用数字基础设施和数字技术、为具

---

① 欧阳康，黄丽芬．体系构建与效能优化：加强制度建设推进国家治理现代化［J］．天津社会科学，2020（1）：4－11.

② 芮明杰等．平台经济：趋势与战略［M］．上海：上海财经大学出版社，2018.

③ Evans D S. Some Empirical Aspects of Multi－Sided Platform Industries［J］. Review of Network Economics, 2003, 2（3）：191－209; Rochet J C, Tirole J. Two－Sided Markets: A Progress Report［J］. The RAND Journal of Economics, 2006, 37（3）：645－667; Armstrong M. Competition in two－sided markets［J］. The RAND Journal of Economics, 2006, 37（3）：668－691.

④ 张顺，费威，佟烁．数字经济平台的有效治理机制——以跨境电商平台监管为例［J］．商业研究，2020（4）：49－55.

有相互依赖关系的多组主体提供实现交易或交互所需产品或服务的组织形态。在现有政策体系下，这类平台被称为“互联网平台”①。但是，与“互联网平台”相比，“数字化平台”包括互联网、平台模式、数字化等多重要素，且更加强调数字技术的应用。例如，政采云有限公司对其政府采购平台“政采云”的定义是“以互联网为基础，充分运用云计算和大数据技术，以政府采购电子化交易和管理为重点，涉及政府采购及企业采购等全流程、各领域、多用户，集政府采购及企业采购等网上交易、网上监管和网上服务为一体的综合性云服务平台”②。这一界定充分凸显了“互联网平台”与“数字化平台”的联系与区别，即后者是在前者基础上的进一步数字化，更加注重“充分运用数字技术”。随着数字技术更加广泛地渗透，互联网平台的数字化水平也在不断提升，为此本书使用“数字化平台”这一概念，它包含“互联网平台”（即互联网+平台模式），但不包括单纯的互联网（如网站、信息化系统、微博等）。

如今，数字化平台已经广泛存在于经济、社会、政府等各个领域，成为经济社会高质量发展必不可少的引擎和支撑。其中，主要为市场和社会主体提供公共服务的数字化平台就是数字化公共服务平台，也是本书的重点研究对象。就政策文件或公开报道来说，“数字化公共服务平台”与“互联网公共服务平台”“互联网+公共服务平台”等同。其中，政府政策文件中主要使用“互联网公共服务平台”，例如，《数字经济及其核心产业统计分类（2021）》将其界定为“专门为公共服务提供第三方服务平台的互联网活动，包括互联网政务平台、互联网公共安全服务平台、互联网环境保护平台、互联网数据平台等”。本书在这里不对概念作过多区分，统一使用“数字化公共服务平台”。

---

① 例如，《国务院反垄断委员会关于平台经济领域的反垄断指南》将“互联网平台”定义为“通过网络信息技术，使相互依赖的双边或者多边主体在特定载体提供的规则下交互，以此共同创造价值的商业组织形态”。

② 参见：https：//service. zcygov. cn/#/knowledges/ - m3R1WwBFdiHxlNdAo7c/enGtcHMByNnJ3A2CpgQo。

1.5 本书重点研究的三大问题

本书以具有典型代表性的数字化公共服务平台为基础，系统探讨数字化平台促进公共服务治理现代化问题，重点考察三个问题。

第一，数字化公共服务平台的建设和运营模式。从属性上看，公共服务不同于市场化的商品和服务，因而公共服务领域的数字化平台也与商业领域的数字化平台存在差异。与商业性数字化平台由市场主体自发建设相比，数字化公共服务平台应当采用什么样的建设与运营模式？是否必须遵循政府主导、非营利运营等原则？本书以浙江省“政采云”案例为基础对该问题进行探讨，进一步明晰数字化公共服务平台的属性和建设过程中的内在机理。

第二，数字化平台驱动公共服务治理变革的主要机制。随着互联网、大数据等数字技术在政务服务和公共服务供给领域的广泛应用和创新实践，新一代数字技术被视为驱动公共服务治理现代化的重要力量，在解决传统公共服务供给不足、供需错配、低质低效、发展不平衡等问题方面卓有成效。本书结合相关文献和四川省“量体裁衣”残疾人服务平台这一实践案例，构建数字化平台驱动公共服务治理变革的分析框架，阐述数字化平台驱动公共服务治理现代化的路径和效能，并提出数字化平台驱动公共服务治理模式变革的三大内容。

第三，“技术—组织—制度”耦合下数字化平台促进公共服务治理现代化的可能性与具体路径。数字化平台在公共服务领域的创新实践表明，数字化平台能够有效促进公共服务治理现代化。但是数字化平台并不必然能够促进公共服务治理现代化。一方面，过去20年，世界各国和地区的政府在使用信息技术提高政府服务水平方面进行的大量投资并未达到预期的效果，不管是传统的信息技术，还是新一代数字技术，在促进公共服务变革方面没有预期中的那么深刻。另一方面，世界各国和地区在利用数字化平台驱动公共服务治理现代化方面也体现出强烈的国家色彩。这表明，文化、制度、组织等一些非技术因素在驱动公共服务治理现代化方面同样起着重要作用。也就是说，数字化平台是促进公共服务治理现代化的必要条件，而非充分条件。本书提出，技术赋能公共服务治理的过程，不仅是技术嵌入的过程，更是技术与制度、组织动态耦合的过程。这里以“量体裁衣”残疾人服务平台为例，采用事件史分析方法，深入探讨技术与非技术因素的耦合过程，构建起技术与非技术因素动态耦合促进公共服务治理现代化的理论框架。

在结构安排上，第 1 章是绪论，介绍研究背景和研究基础，凝练了本书的研究对象、研究目标和研究内容。

第 2 章从梳理公共服务平台的演变着手，简要探讨我国数字化公共服务平台的发展与现状，对公共服务数字化平台建立一般性认识。

第 3 章介绍我国数字化公共服务平台的两个典型案例，随后基于双边市场理论对数字化公共服务平台进行一般性分析，为后续考察奠定基础。

第 4 章探讨数字化公共服务平台的构建机制与运行逻辑。目前，数字化平台向公共服务领域的扩张是实践探索的产物，尚未有文献对其合理性、特殊性、建设模式等问题进行系统探讨。本章以“政采云”为典型案例，总结出数字化平台向公共服务领域拓展的相关问题的结论性框架。具体来讲，本章将探讨以下四个问题：一是数字化平台为什么可以向公共服务领域扩张；二是数字化平台是如何向公共服务领域扩张的；三是与经营性平台相比，公共服务领域的数字化平台有何特殊性；四是现阶段，数字化平台在公共服务领域的运行存在哪些问题，可以怎么解决。

第 5 章从赋能与创新两个视角，探讨数字化平台如何驱动公共服务治理变革。在系统观察和分析四川省“量体裁衣”残疾人服务平台的基础上，本章构建了数字技术驱动公共服务治理变革的分析框架，提出我国制度背景下数字技术驱动的公共服务治理变革主要包含赋能与创新两大内容。一方面，数字技术嵌入公共服务治理的需求管理、供给决策、服务管理和绩效评价并使之成为闭环，通过科学决策、高效供给、精准服务三重机制赋能公共服务治理；另一方面，数字技术深刻影响公共服务治理模式，驱动公共服务治理模式在主体多元、关系重塑、职能转变等方面实现价值创新。

第6章探讨"技术—组织—制度"三者的耦合及其与公共服务治理现代化的内在关联。浙江省"政采云"和四川省"量体裁衣"残疾人服务平台两大平台的发展实践表明，数字技术并不是公共服务治理现代化的全部，数字化公共服务平台的缘起、运行和未来发展，都与组织和制度等因素密切相关。本章借鉴简·芳汀提出的技术执行理论框架，采用CPO（Causal - Process Observation）案例分析方法，通过对四川省省残疾人事业治理变革的过程进行分析，构建技术—组织—制度耦合的分析框架，揭示非技术因素与技术因素的相互耦合是技术驱动公共服务治理现代化发生和延续的原因。

第7章是结论与展望。对全书的主要结论进行了概括和总结，针对本书尚存在的不足之处，提出了未来进一步完善的思路和研究方向。

研究技术路线如图1－1所示。

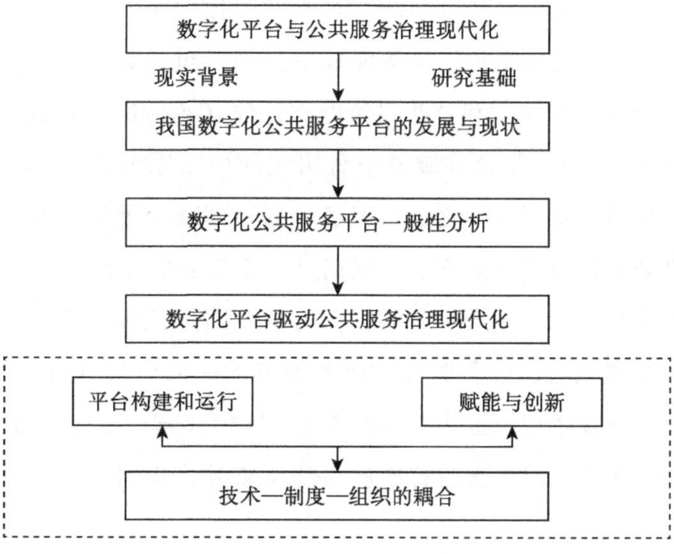

图1－1 研究技术路线

2 数字化公共服务平台的发展与现状

2.1 公共服务平台的发展与演变

公共服务是指公共服务部门向公众提供的各种公共产品和服务，包括加强城乡基础设施建设、管理与维护，发展教育、科技、文化、卫生、体育等公共事业，为社会公众参与社会、经济、政治、文化活动等提供保障。公共服务平台是指为了促进经济和社会发展，针对某类用户群体一定时期内的公共服务需求，通过组织整合和资源优化配置，更加高效地提供公共服务的各种渠道或机构。资源配置不合理（包括资源过于分散、资源过度集中、重复投入等）和公共服务低质低效（包括供不应求、供需不匹配、专业化不足等），是公共服务平台出现的内在原因，其目的是为相应用户群体提供集中式、专业化公共服务，以达到减少重复投入、优化资源配置、提高公共资源使用效率、加强信息共享等多重目的。

公共服务平台并非一成不变的，而是在不断地发展与演变。政府是公共服务的主要提供者，公共服务是政务服务的一部分①。因此，探讨公共服务平台的变化应该以政务服务的改革和调整为背景。改革开放以来，为提高政府运行效率，除多次进行政府机构调整外，我国从上至下采取了两

---

① 《国务院关于加快推进全国一体化在线政务服务平台建设的指导意见》（国发〔2018〕27号）明确提出，“政务服务事项包括行政权力事项和公共服务事项”。

大改进措施：一是政务服务信息化，即发展“电子政务”；二是政务服务集中化。其中，电子政务建设始于20世纪80年代，大致经历了萌芽和探索（主要表现为办公自动化）、试点建设（从“三金工程”① 到政府上网）、全面建设（从单向应用到全面发展）、统筹推进（主要内容是政府信息系统整合共享和“互联网+政务服务”）等多个阶段②；政务服务集中化始于20世纪90年代，大致经历了空间集中、审批集成、基于“互联网+”的精准式服务等几个阶段③。两条线索相互交织，最终走向了政务服务的平台化和数字化。

公共服务平台的发展演化，就是随着政务服务在两条路径上的发展而进行的。在早期阶段，发展电子政务的主要目标是让政府部门的工作更有效率、执法监管更加精准、社会管理更加到位、宏观调控更加科学。从最开始的办公自动化到20世纪90年代的“三金工程”以及后来更多的金字工程，都是服务于政府部门的监管和决策，而不是提供公共服务。直到21世纪初，电子政务建设才逐步转向以公共服务为重点。因此，公共服务平台大致经历了三种形态：

一是集中化，主要代表是服务中心、办事大厅。20世纪90年代，各地尝试将与招商引资相关的政务服务集中起来，建立了以集中服务、集中办公为特征的公共服务平台。1995年，深圳率先成立对外投资服务中心，对外资项目进行集中审批。1999年，浙江金华设立了集中办事大厅，将46个具有审批许可权的部门集中起来，以柜台的方式向申请人提供审批服务。2004年，江苏镇江率先推出行政审批服务“两集中两到位”④，使人

---

① 即金桥工程、金关工程和金卡工程。

② 汪向东．我国电子政务的进展、现状及发展趋势［J］．电子政务，2009（7）：44－68；王伟玲．从起跑到加速：我国电子政务的四次嬗变［J］．中国工业和信息化，2019（5）：92－96；翟云．“十四五”时期中国电子政务的基本理论问题：技术变革、价值嬗变及发展逻辑［J］．电子政务，2021（1）：67－80.

③ 郭子平．政务服务中心的发展及演进方向探讨［J］．特区实践与理论，2016（3）：47－50.

④ 为深化行政审批制度改革，建立规范高效的审批运行机制，提高行政服务效能，推进一个行政机关的审批事项向一个处室集中、行政审批处室向行政审批服务中心集中，保障进驻行政审批服务中心的审批事项到位、审批权限到位。

员和职能配置与公共服务集中化相适应。2011 年，中共中央办公厅印发《关于深化政务公开加强政务服务的意见》（中办发〔2011〕），提出“政务服务中心是实施政务公开、加强政务服务的主要载体”，强调了集中式服务平台的重要性。至此，各地的行政服务大厅、政务服务中心、集中办事大厅等不断涌现，以审批为核心的公共服务供给也呈现出“一站式”特征，公共服务平台日益向公共服务“超市”发展。

二是网络化，主要代表是政府官方网站、政府微博。20 世纪 80 年代，我国推进办公自动化工作，各级政府、各部门纷纷成立了信息中心，政府信息化程度得到快速提升。1993 年，我国启动“三金工程”，极大改善了政府部门的信息化基础设施和通信网络条件。1999 年，我国正式启动政府上网工程，各级政府、各部门纷纷建立起自己的官方网站。随后，我国电子政务围绕“两网一站四库十二金”① 体系快速推进。如此，以互联网为基础，以政府网站、官方微博、政务服务 APP、微信公众号等②为主要形式的网络化公共服务平台大量出现。网络化公共服务平台主要提供信息展示、信息公开、信息查询、服务咨询等，公共服务的提供仍然主要依托实体部门或服务中心。也就是说，网络化公共服务平台更多的是政府履行公共服务职能的助手，主要作用在于加强供需双方的沟通与互动。当然，咨询、费用支付等非物质的服务开始越来越多地从线下转向线上。

三是数字化，主要代表是国家社会保险公共服务平台③。公共服务平台的数字化包括两个部分，即公共服务的数字化和平台（或载体）的数字化。2014 年 2 月，党中央成立中央网络安全和信息化领导小组，具体负责推进全国网络安全和信息化。在加快信息化建设的同时，政务信息系统整合共享特别是数据共享稳步推进。通过构建国家共享数据交换平台，各部

---

① 其中，“两网”指电子政务内网和外网；“一站”指中央、省、市、县四级政府网站；“四库”指人口、法人、自然资源和空间地理、宏观经济四大基础数据库；“十二金”指金宏、办公业务资源、金财、金税、金审、金关、金盾、金保、金农、金水、金质等信息化工程。

② 截至 2020 年 12 月，我国共有政府网站 14444 个（主要包括政府门户网站和部门网站），经过新浪平台认证的政务机构微博 140837 个，政务头条号 82958 个，政务抖音号 26098 个，

③ 参见：http：//si. 12333. gov. cn/146735. jhtml。

门之间、各地区之间的数据已建立互联互通通道。数据共享便捷性提升，加快了公共服务数字化和平台数字化的进程。其中，前者主要是依托证照电子化与数据归集和共享，越来越多的公共服务从线下转向线上；后者主要是依托机构改革和“城市大脑”等智慧平台建设，实现政务服务“掌上办”，让居民“少出门”或“不出门”即可享受公共服务。除新建立的数字化公共服务平台外，医疗、教育、交通、人力资源与社会保障等领域的网络化公共服务平台也逐步引入数字技术，不断推进载体和业务的数字化。

事实上，集中化、网络化和数字化这三种形态是相互交叉、彼此共存的。一方面，数字化是集中化和网络化的集成，即通过数字技术实现公共服务供需在虚拟平台上的集中；另一方面，因为公共服务不能全部或全流程实现数字化，且业务过于集中反而会降低效率，因此，数字化不会完全取代集中化和网络化，而是三者并存[①]。当然，随着经济、社会和政府的数字化程度不断提升，数字化公共服务平台将成为公共服务的主要载体。

如前所述，现阶段政策文件多用“互联网公共服务平台”来指代“互联网+公共服务平台”或“电子政务平台”。这里需要强调的是：互联网公共服务平台介于网络化平台和数字化平台之间。但是，“数字化”更多描述的是过程而不是结果，并不存在明确的衡量标准。因此，本书的考察对象“数字化公共服务平台”等同于“互联网公共服务平台”，但并不包括不具有“平台模式”这一要素的网络化平台，如官方网站、官方微博、微信公众号等。

2.2 数字化公共服务平台的现状

党的十八大以来，我国高度重视电子政务建设。2016 年 4 月，习近平

① 例如，上海人力资源和社会保障公共服务平台通过网站、电话咨询、手机 APP、自助查询机、微信等技术手段，为单位和个人提供就近服务、贴身服务，实现用户身边的智慧人社。这一介绍表明，服务中心、官方网站、数字化平台三种形式都在发挥作用。

总书记在全国网络安全和信息化工作座谈会上强调："加快推进电子政务，鼓励各级政府部门打破信息壁垒、提升服务效率，让百姓少跑腿、信息多跑路，解决办事难、办事慢、办事繁的问题。"随后，以习近平同志为核心的党中央提出了"利用大数据等数字技术推进国家治理现代化，实现政府决策科学化、社会治理精准化、公共服务高效化"的重大命题，并强调"加快推进电子政务，构建全流程一体化在线服务平台，更好解决企业和群众反映强烈的办事难、办事慢、办事繁的问题"。至此，以全流程一体化、数据开放共享、系统互联互通等为核心的新一轮电子政务建设在全国快速推进，主要体现在两个方面。

一是一体化政务服务平台基本建成。2018 年 6 月，国务院办公厅印发《进一步深化"互联网 + 政务服务"推进政务服务"一网、一门、一次"改革实施方案》，提出"深化'放管服'改革，进一步推进'互联网 + 政务服务'的目标，加快构建全国一体化网上政务服务体系，推进跨层级、跨地域、跨系统、跨部门、跨业务的协同管理和服务，推动企业和群众办事线上'一网通办'（一网），线下'只进一扇门'（一门），现场办理'最多跑一次'（一次），让企业和群众到政府办事像'网购'一样方便"。2018 年 7 月，国务院印发《关于加快推进全国一体化在线政务服务平台建设的指导意见》（国发〔2018〕27 号），要求"加快建设全国一体化在线政务服务平台，推进各地区各部门政务服务平台规范化、标准化、集约化建设和互联互通，形成全国政务服务'一张网'"。随后，由国务院办公厅主办、国务院办公厅电子政务办公室运营维护的"全国一体化在线政务服务平台"（即"国家政务服务平台"）于 2019 年 5 月上线运行。各地区、各部门也建立一体化政务服务平台，并整体接入国家政务服务平台。如图 2 - 1 和图 2 - 2 所示，国家政务服务平台可以直通 45 个国务院部门和 31 个省级行政区的政务服务平台，实现了平台连接层面的一体化。

二是政务服务平台覆盖范围日益扩大。随着互联网快速发展和广泛运用，越来越多的人和物"触网"，成为互联网的一部分。我国网民规模从 2010 年的 4.57 亿人快速增加至 2023 年的 10.92 亿人，互联网普及率从

图 2－1　国家政务服务平台的部门接入情况

资料来源：国家政务服务平台官网，https://gjzwfw.www.gov.cn/index.html。

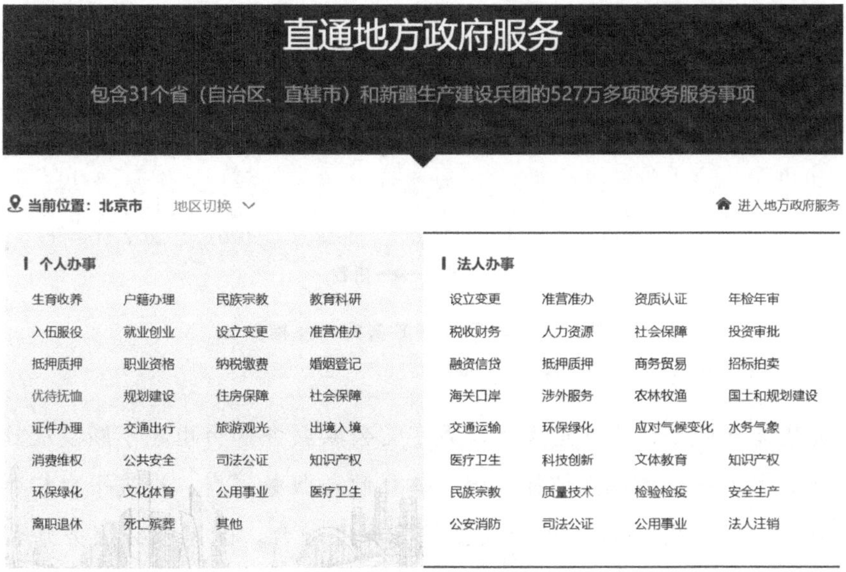

图 2－2　国家政务服务平台的地区接入情况

资料来源：国家政务服务平台官网，https://gjzwfw.www.gov.cn/index.html。

34.3%提升至77.5%。同时，使用智能手机变得日益普遍，手机网民规模从2010年的3.03亿人扩大至2023年的约10.91亿人，占网民总数之比高达99.9%。基础设施日益完善和网民规模的扩大，为政务服务平台的快速发展奠定了基础。截至2023年12月，我国在线政务服务用户规模达到

9.73 亿人，各级政务服务平台实名注册用户占网民整体的比例由 2017 年的 13.9% 提升至接近 90%。省市县乡村五级网上政务服务体系由 2017 年的 9 个地区提升至 31 个地区，省级依申请办事指南发布数量提升至 7 万项，省级政府行政许可事项实现网上受理和“最多跑一次”的比例达到 92.5%①。另外，根据《联合国电子政务调查报告》，我国电子政务发展指数从 2010 年的 0.47 提高至 2022 年的 0.8119，全球排名也从第 72 位曲线提升至第 43 位（见图 2－3）。

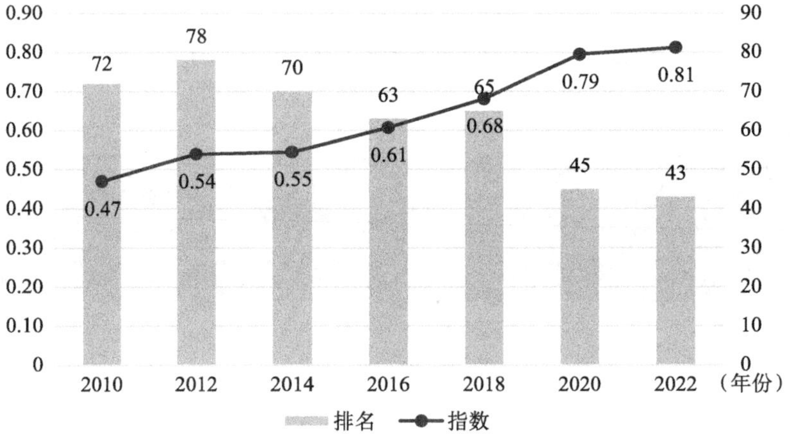

图 2－3 我国电子政务排名及指数

数据来源：历年《联合国电子政务调查报告》。

随着电子政务建设快速发展，数字化公共服务平台也在不断发展壮大和完善，各地区、各部门依托全国一体化政务服务平台，推进平台与群众衣食住行、日常生活和社会公共服务等深度融合，国家政务服务平台的“公共服务”板块，包含了婚姻登记、交通出行、教育考试、纳税缴费、社会保障、证件办理、职业资格等子板块，大力推进数字惠民服务，平台还提供困难群众基本生活保障、残疾人办事、老年人办事、就业创业等重点民生服务，不断满足企业和群众多层次、多样化服务需求。另外，各个

① 数据来源：第 53 次《中国互联网络发展状况统计报告》，http://www.cac.gov.cn/2021－02/03/c_1613923423079－314.htm。

领域的数字化公共服务平台逐渐成为相应公共服务的主要获取途径。以教育领域为例，2023 年，我国数字教育用户规模达 3.49 亿人[①]，全国中小学（含教学点）联网率达到 100%[②]。同时，于 2012 年 12 月 28 日开通试运行的国家教育资源公共服务平台，发展成为中央政府提供教育基本公共服务、促进教育公平的重要载体，以及学生、家长、教师和学校多方交流互动的重要场所。在医疗方面，国家医保信息服务平台建成运行，医保码全国用户超过 10 亿人，截至 2023 年 12 月，我国互联网医疗用户规模达 4.14 亿人，占网民整体的 37.9%[③]。

2.3　数字化公共服务平台的类型

公共服务涉及经济、社会、政治、生态环境等方方面面，且随着经济社会发展水平的提升，公共服务的供需变得更加复杂[④]，促使形成多样化的数字化公共服务平台。例如，按照服务范围，可以将数字化公共服务平台分为全国性（如国家教育资源公共服务平台、国家社会保险公共服务平台）、区域性（如各省市政务服务平台）、专业性（如北京公共法律服务网、国家社会科学基金科研创新管理服务平台、国家地理信息公共服务平台）三类。按照平台上是否存在直接交易，可以将数字化公共服务平台分为交易型（如全国公共资源交易平台、中国招标投标公共服务平台、“政采云”等政府采购平台）和非交易型两类。按照服务对象，可以分为个人类、企业类、社会组织类（如上海社会组织公共服务平台）和综合类四类。按照平台所发挥的作用，可以分为辅助类（如数据共享交换平台、统

---

① 资料来源：《2023 年中国数字教育市场数据报告》。

② 资料来源：第 53 次《中国互联网络发展状况统计报告》，http：//www.cac.gov.cn/2021－02/03/c_ 1613923423079－314.htm。

③ 同上。

④ 关于公共服务的定义、内涵与分类，可参见：淮建军，刘新梅．公共服务研究：文献综述［J］．中国行政管理，2007（7）：96－99；王海龙．公共服务的分类框架：反思与重构［J］．东南学术，2008（6）：48－58.

一支付平台)、服务类、互动和评价类(如政务服务便民热线)等类型。按照服务领域,可分为教育类、医疗类、科技类、公共安全类(如交通安全综合服务管理平台)、环境保护类等类型。需要指出的是,《数字经济及其核心产业统计分类(2021)》将数字化公共服务平台分为互联网科技创新平台和互联网公共服务平台两大类,但两者并非互斥的集合:科技创新兼具公益性和私益性,政府需要积极参与,以弥补外部性引致的市场投入不足。也就是说,在互联网科技创新平台中,也有很多属于提供科技服务的公共服务平台[①]。同样地,政府虽然是提供公共服务的重要主体,但市场和社会主体同样也可以提供公共服务。因此,按照提供主体,可以将数字化公共服务平台分为政府主办、企业主办、社会(组织)主办、政企合办、政社合办等多种类型。当然,公共品属性较强或者直接关系政府运行的领域,政府更应该发挥主导作用。关于分类的总结如图 2-4 所示。

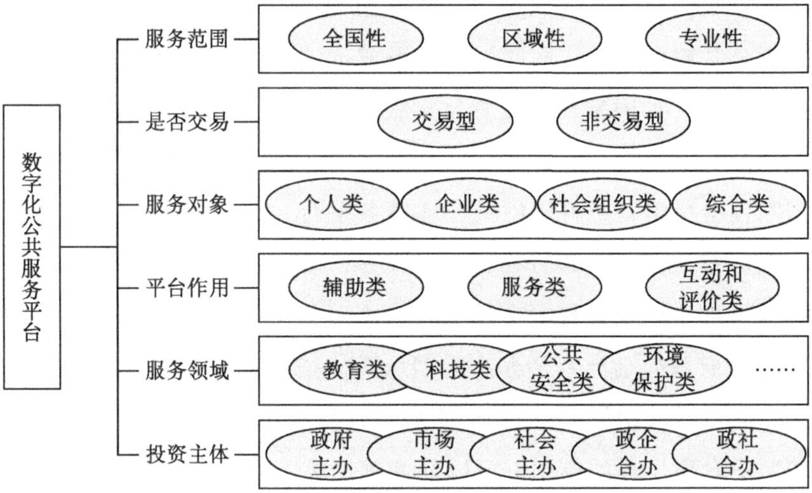

图 2-4 数字化公共服务平台的主要类型

---

① 关于科技创新公共服务平台,可参见:董静,徐婉渔.中国科技创新公共服务平台:演进历程与转型升维[J].上海管理科学,2021,43(3):62-70;贺正楚,潘红玉,吴艳.新一代信息技术产业的公共服务平台构建及服务功能分析[J].中国科技论坛,2015(5):35-41.

2.4 数字化公共服务平台的发展趋势

人民群众公共服务需求的增加，以及数字技术的快速进步和经济社会数字化转型的加快推进，为数字化公共服务平台发展壮大提供了强劲动力。相应地，数字化公共服务平台发展表现出多重趋势。

一是从有限开放到社会化开放。数字化公共服务平台天然具有开放包容的特征，其最初的途径是接入微信、支付宝等商业性平台。随着数据开放共享、平台互联互通的系统推进，各个数字化公共服务平台的开放程度进一步提高，呈现出多元化、社会化特征。

二是从差异化走向统一化。随着电子政务一体化的推进，同一领域、不同地区的数字化公共服务在服务模式、服务内容、服务质量等方面逐步走向统一化。例如，建设全国政务服务平台的基本原则就是统一化，具体包括统一身份认证、统一证照服务、统一事项服务、统一政务服务投诉建议、统一好差评、统一用户服务、统一搜索服务，这也为政务服务一体化奠定了良好基础。

三是从分散化走向集中化。在政府数字化转型早期阶段，全国各地、各部门仍未摆脱信息化建设时期的"各自为政"模式，重复建设、数据孤岛、低效使用等问题仍然存在。为解决这一问题，党中央、国务院积极推进电子政务一体化建设，使数字化公共服务平台逐步向集中发展，且表现为平台集中①、数据集中、业务集中②、服务人员集中等多个维度。

四是从平台互联互通走向全面互联互通。在早期阶段，电子政务一体化建设主要是实现政务服务平台在系统层面的互联互通，即确保用户可以从一个平台上获得接入其他平台的入口。随着机构改革和政务职能转变的

---

① 其典型反映是，政府网站数量大幅减少，从 2017 年 6 月的 36916 个减少至 2020 年 12 月的 14444 个。资料来源：第 47 次《中国互联网络发展状况统计报告》，http：//www. cac. gov. cn/2021 - 02/03/c_ 1613923423079 - 314. htm。

② 例如，国家一体化电子证照共享服务系统梳理了各地区、各部门证照类型 897 种，已汇聚其中的 861 种，占比高达 96%。

推进，公共服务从地区或部门“一网通办”到区域“一网通办”[①] 再到“跨省通办”[②]，数字化公共服务平台也从平台或系统层面的互联互通进入平台、数据、业务等全方位的互联互通。其中，教育、医疗、社会保障等领域是全面互联互通的前沿阵地，为更好地推进全国一体化的“一网通办”奠定了良好基础[③]。

五是从线上化到移动化。随着智能终端的普及，移动互联网发挥着越来越重要的作用，手机网民占网民总量的比重已接近100%。在这种情况下，除了线上线下加快融合外，数字化公共服务平台的移动化程度也不断提高，典型表现就是公共服务 APP 越来越普遍。例如，各省市基本都推出了自己的政务服务 APP，且大部分都起了别出心裁、令人印象深刻的名字，如北京的“北京通”、上海的“随申办”、重庆的“渝快办”、广东的“粤省事”、浙江的“浙里办”、江苏的“苏政通”、湖南的“新湘事成”等。各个部门的公共服务被嵌入这些政务服务 APP 中，为公众查询和获取公共服务提供了便捷渠道。值得强调的是，公众在使用消费类 APP 时积累了丰富的经验，在转向政务服务 APP 时基本不会有转换成本，这为政务服务 APP 的推广提供了有效保障。

2.5 数字化公共服务平台的主要特征

相比于商业性平台，数字化公共服务平台起步较晚，且受到体制机制、政策体系、社会环境等多重因素的影响，还存在平台碎片化、公共服

---

① 目前，国家政务服务平台上已经设置了京津冀一网通办服务专区、长三角区域政务服务一体化专区、粤港澳大湾区政务服务专区。

② 2020年9月，国务院办公厅印发《国务院办公厅关于加快推进政务服务“跨省通办”的指导意见》（国办发〔2020〕35号），系统推进“跨省通办”工作，并要求“2021年底前基本实现高频政务服务事项‘跨省通办’，同步建立清单化管理制度和更新机制，逐步纳入其他办事事项，有效满足各类市场主体和广大人民群众异地办事需求”。

③ 翟云．“十四五”时期中国电子政务的基本理论问题：技术变革、价值嬗变及发展逻辑［J］．电子政务，2021（1）：67－80.

务机制不畅通、数字人才缺乏、标准化建设不足等问题①，面临来自数据安全保护、数据资产开发等多方面的挑战。但整体上来说，近年来数字化公共服务平台建设和发展取得了很大进展，有力推动了公共服务提质增效和治理现代化。同时，数字化公共服务平台表现出很多鲜明特征，其中以下三个方面更为显著。

一是互动。加强供需双方的互动，是提高公共服务针对性和有效性的重要途径，也是促进政府职能转变和提质增效的关键保障。数字化与平台模式的组合，为多方主体及时、随时互动创造了良好条件。在每一个数字化公共服务平台上，都设置有相应的政民互动通道或板块。除了公共服务部门和公众或企业之间的互动外，数字化公共服务平台也成为公众之间、企业之间、公众与企业之间、公众与社会组织之间的互动场所。除一般性数字化公共服务平台外，还有专门的互动平台，主要包括各省市和中央各部门的政务热线和人民网主办的领导留言板。为了便于互动，各平台都进行了历史数据的实时开放共享。例如，在领导留言板上，用户可以同时看到历史留言记录和历史回复情况（见图 2－5）。这些专业的互动平台有效促进了多方主体间的互动，将通过满意度评价、用脚投票、社会化监督、声誉等机制，促使公共部门不断提升公共服务效率和效能，进而加快国家治理特别是政府治理和社会治理的现代化②。

二是多元。数字化公共服务平台模式将大量用户聚集在一起，形成了日益庞大的社区，这必然使“多元”色彩越来越凸显，且表现在服务方式、业务类型、服务对象、监管模式、服务主体等多个方面。服务方式方面，数字化公共服务平台实现了线上与线下的深度融合，公众可以通过多种方式获取公共服务。业务类型方面，平台将越来越多的公共服务聚集在一起，且不断推进服务创新，使公共服务的类型日益多元化，从而与人民

---

① 王永明．智能化时代城市公共服务平台的构建［J］．学术交流，2020（10）：114－123.

② 关于政务热线对政府治理能力提升的影响，可参见：吴国玖，金世斌，甘继勇．政务热线：提升城市政府治理能力的有力杠杆——以南京市“12345”政府公共服务平台为例［J］．现代城市研究，2014（7）：98－102.

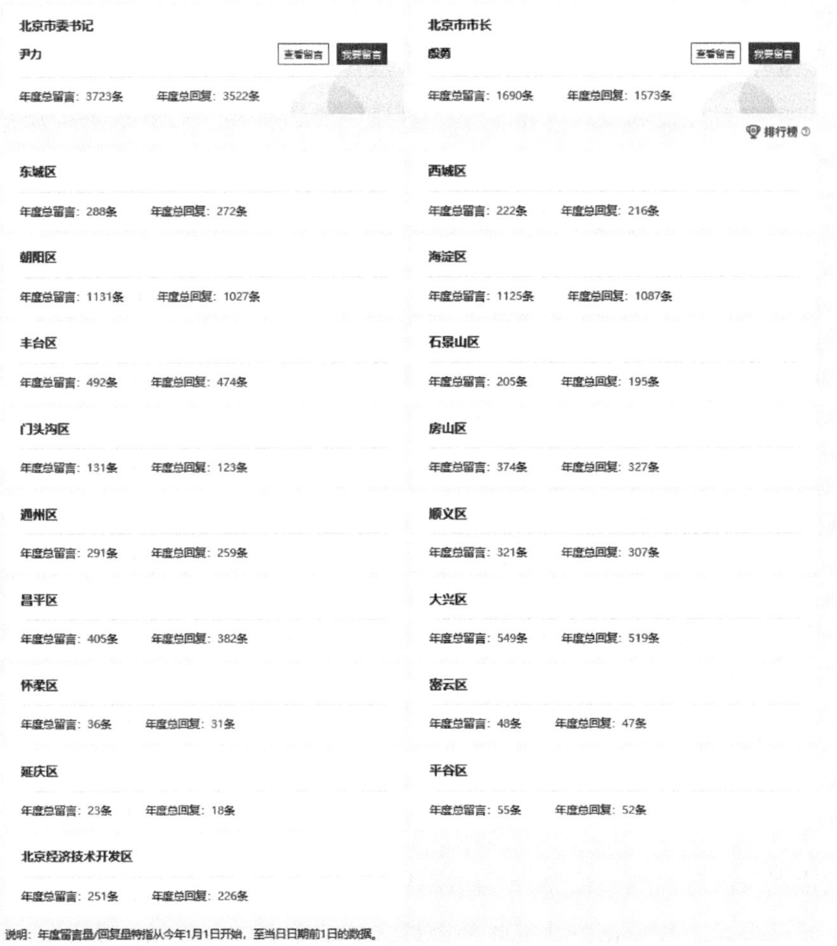

图 2-5 领导留言板北京板块数据统计

资料来源：人民网领导留言板，http：//liuyan. people. com. cn/home？ p = 0。

群众不断增长的美好生活需要相呼应。服务对象方面，平台将越来越多的用户“收归囊中”，用户在统计学特征、地区来源、偏好等方面的差异性越发明显。监管模式方面，除了政府部门监管外，社会监管、平台监管、智能监管等都开始发挥日益重要的作用。此外，服务主体多元化已成为数字化公共服务平台的突出特征。数字化平台大幅降低了社会组织、企业、个人等参与公益事业的成本，加快推进了公共服务的社会化。越来越多的市场和社会主体参与公共服务特别是公益事业之中，成为政府之外的重要补充，这也是解决公共服务供需矛盾的根本路径。

三是创新。不管是数字技术还是平台模式，它们都具有高度动态创新的特征，同时大幅降低了创新的货币成本和隐性成本，显著提升了技术、制度、模式等方面创新的可能性和可推广性。同样地，在数字技术和平台模式的支撑下，数字化公共服务平台的创新十分活跃，且表现为多个方面。理念方面，共享、参与、多元化和注重引入市场机制等已逐渐深入人心，为公共服务治理现代化奠定了社会环境基础。模式方面，得益于理念的创新和与时俱进，公共服务提供者特别是有关政府部门开始用数字技术来优化和改进模式，不断提升公共服务的智能化水平。例如，苏州开发了“政策计算器”，将各级政府提供的政策进行分门别类地归集和分析，并根据使用条件自动匹配企业，使企业方面的公共服务从“企业找政策”变为“政策找企业”，显著提升了公共政策的实施效率和效能。同样地，共享单车、共享汽车、共享出行等商业模式创新也逐步被纳入公共服务体系，助推公共服务进一步走向社会化。技术方面，数字化公共服务平台的发展不但扩大了可用数据规模，而且提供了日益丰富的应用场景，这为以数字技术为核心的技术创新创造了有利条件。人工智能、区块链等新兴技术的日益成熟与渗透，反过来进一步推进数字化公共服务平台的壮大。服务内容方面，技术创新和模式创新催生了越来越多的新产品、新服务。除公共服务的数字化持续推进外，数据、网络基础设施、带宽、开放共享、互联互通、第三方认证等都成为新时期的公共服务事项。另外，与数字化公共服务平台相关的体制机制和制度体系创新正在加快推进，这些也已经成为全国层面深化体制改革的关键所在。

3 数字化公共服务平台：典型案例与基本分析

3.1 引 言

数字技术快速演化和完善，使原本主要存在于消费领域的平台模式开始向生产、研发、社会治理等领域渗透。平台模式与数字技术在市场、社会、政府等各个领域深度融合，由此产生的各类数字化平台成为经济社会高质量发展的重要“基础设施”。尽管政府的数字化转型滞后于市场和社会，但数字化平台在政务服务特别是公共服务领域已经较为常见：一方面，人民群众对美好生活的需要日益增长，公共服务的供需矛盾愈加突出，数字化平台为各级政府缓解或解决这一矛盾提供了有效手段；另一方面，以智慧城市、电子政务、“互联网 + 政务服务”① 等为代表的数字政府建设加快推进，数字基础设施不断完善、数据资源不断堆积，为政府部门打造或利用数字化平台奠定了坚实基础。在科技（如科技大市场等科技服务平台）、医疗卫生（如上门康复云养老服务平台）、教育（如阳光校餐数据平台）等直接领域，和政府采购（如浙江省政企采购云平台）等间接领域，数字化平台已成为公共服务供给的主力军。

---

① 其中，深化“互联网 + 政务服务”，以信息化推进国家治理体系和治理能力现代化，全面建设服务型政府，是党中央和国务院的重大决策部署。

数字化公共服务平台的核心使命是提供公共服务，因而具有突出的公益性，这与消费领域（如天猫商城、滴滴打车）和生产领域（如海尔的工业互联网平台 COSMOPlat、江苏徐工信息技术股份有限公司的汉云工业互联网平台）① 的商业性平台形成鲜明对比。相应地，数字化公共服务平台的开发建设与运营维护具有其特殊性和复杂性。除协调好公益性与商业性之间的关系外，建设和运营数字化公共服务平台还必须处理好协调性和差异性的关系：前者旨在实现基本公共服务均等化、助力化解发展不平衡不充分问题，后者则在于满足社会主体日益多元化的公共服务需求。因此，数字化平台既给公共服务治理提供了新手段、新机制，也给其带来了新矛盾、新问题。事实上，平台模式渗透给政府治理带来了全方位的冲击与挑战②，这在连接多方主体的公共服务领域尤其如此。

要充分发挥数字化平台的作用、推动公共服务治理现代化，就必须深化相关研究。关于公共领域的数字化平台，已有文献主要关注平台政府及其建设③、基于大数据的公共服务提升与创新④、公共服务平台建设及治理⑤等

① 当然，消费领域和生产领域的数字化平台同样或多或少具有一定的公益性，但商业性是其主要特征，即以盈利为主要目的。

② 马名杰．数字技术及创新推动公共服务领域改革的特征和趋势［J］．发展研究，2018（1）：16－18；江小涓．网络时代的政府与市场：边界重组与秩序重构［A］．吴敬琏 主编．比较［C］．北京：中信出版社，2019（2）：1－17.

③ 于施洋，王建冬，童楠楠．国内外政务大数据应用发展述评：方向与问题［J］．电子政务，2016（1）：2－10；丁元竹．平台型政府运行机制的设计思路［J］．中国浦东干部学院学报，2017，11（2）：123－128；张晓，鲍静．数字政府即平台：英国政府数字化转型战略研究及其启示［J］．中国行政管理，2018（3）：27－32.

④ 刘晓洋．大数据驱动公共服务供给的变革向度［J］．北京行政学院学报，2017（4）：73－79；林贤．大数据推进政府治理能力提升论析——以福州市政府的大数据实践为例［J］．福建论坛（人文社会科学版），2018（7）：152－158.

⑤ 卢小平．公共服务 O2O 平台建设研究［J］．中国特色社会主义研究，2017（3）：50－56；张会平，李茜，邓琳．大数据驱动的公共服务供给模式研究［J］．情报杂志，2019，38（3）：166－172＋179.

问题。同时，“政府即平台”这一理念日益深入人心①，数字化的双边或多边平台成为公共服务供给的重要载体②。但是，较少有文献以双边市场理论③为框架，对数字化公共服务平台进行深入、系统分析。为此，本书以双边市场理论和公共管理相关理论为基础，剖析数字化平台促进公共服务治理现代化的内在机制，以及作用过程中技术、组织与制度三者的互动关系。

在展开具体分析前，本章首先对数字化公共服务平台进行一般性分析。公共服务多种多样，公共服务平台也存在于各行各业、各个领域。考虑到彼此间的差异性，我们首先介绍两个具有典型代表性的数字化公共服务平台：一是浙江政企采购云平台（以下简称“政采云”），二是四川省“量体裁衣”式残疾人服务平台（以下简称“量服”）。之所以选择“政采云”，主要原因在于：一方面，政府采购是政府部门履行公共服务职能的基本题，在公共服务供给中具有基础性地位，具有公益性与商业性紧密结合的突出特征；另一方面，“政采云”等政府采购平台与天猫商城、京东商城等 B2C 网络购物平台既高度相似，又存在本质差异，通过比较分析更能凸显公共服务平台的特殊性与局限性。“量服”是专门服务于残疾人的专业性公共服务平台，虽然是公共服务中的一个细分领域，但是能够充分反映公共服务的差异性、复杂性等特征。在简单介绍之后，本章主要利用双边市场理论对案例进行初步分析，归纳总结数字化公共服务平台区别于商业性平台的特殊性。

---

① Kelley T M, Johnston E. Discovering the Appropriate Role of Serious Games in the Design of Open Governance Platforms [J]. Public Administration Quarterly, 2012, 36 (4): 504 – 554; Walravens N, Ballon P. Platform Business Models for Smart Cities: From Control and Value to Governance and Public Value [J]. IEEE Communications Magazine, 2013, 51 (6): 72 – 79; Wachhaus A. Platform Governance: Developing Collaborative Democracy [J]. Administrative Theory & Praxis, 2017, 39 (3): 206 – 221.

② 刘家明. 政府多边平台模式的动因：功能与实践价值 [J]. 广东行政学院学报, 2019, 31 (2): 5 – 11.

③ 双边市场理论是学者们在考察信用卡等消费领域多边平台时产生的，具体参见：Rochet J C, Tirole J. Two – Sided Markets: A Progress Report [J]. The RAND Journal of Economics, 2006, 37 (3): 645 – 667; 吴汉洪, 孟剑. 双边市场理论与应用述评 [J]. 中国人民大学学报, 2014, 28 (2): 149 – 156.

3.2 浙江省“政采云”平台[①]

3.2.1 “政采云”简介

2016年8月，浙江省财政厅与阿里巴巴集团合作成立政采云有限公司，并通过资本合作和市场化运营的模式，充分利用阿里云的云计算、大数据、人工智能等数字技术以及淘宝和天猫的运营经验，打造了全国首个专注服务于“互联网+政企采购”的云服务平台——“政采云”平台。该平台以政企采购电子化交易和监管为重点，集政企采购网上交易、网上监管、网上服务为一体[②]。也就是说，“政采云”主要由三大模块构成（见图3-1）：一是网上交易，包括网上超市、在线询价、反向竞价、定点服务、协议+批量采购等传统电子卖场功能，还包括针对公开招标、邀请招标、单一来源、竞争性谈判、竞争性磋商和询价等不同需求专门设计的项目采购功能；二是网上监管，包括对交易进行远程监控、预警监督和履约评价，还可以对计划编报、交易执行和法定审批进行监管；三是网上服务，包括为供应商服务、为中介代理机构服务、为采购专家服务、金融服务、大数据分析及报表统计等。

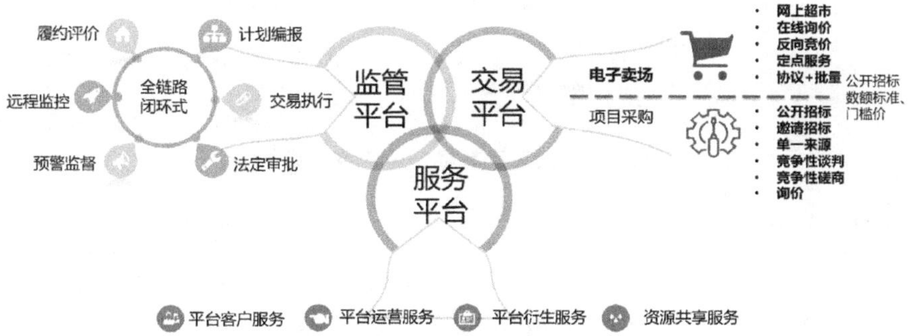

图3-1 “政采云”的模块构成

资料来源：政采云有限公司。

---

① 感谢河南大学梁丽俊硕士参与调研与写作。

② 王志刚，周孝，陈旭，等. 政府采购数字化转型的成效与挑战——以“政采云”为例[J]. 中国政府采购，2019（12）：59-67.

在“政采云”的建设方面，政采云有限公司采用了类似 PPP 的模式，且以政府为主导、由市场建设的方式展开合作，实行公司化管理、商业化运营、公益性收费。具体地，代表浙江省财政厅的浙江省创新发展投资有限公司与阿里巴巴集团下属企业共同出资成立新公司，即政采云有限公司（见图 3－2），由该公司承担平台的建设与运营工作。财政部门通过政府购买服务的形式，向政采云有限公司租用平台系统以及采购相应的专业服务，并向其支付相关费用①。

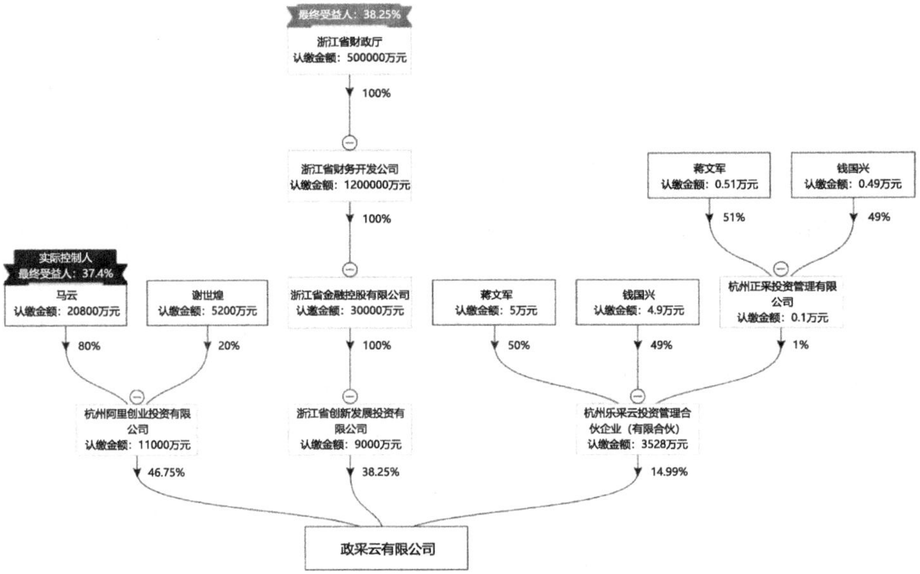

图 3－2　政采云有限公司的股权结构

资料来源：政采云有限公司。

3.2.2　“政采云”发展历程

浙江省政府采购信息化工作一直走在全国前列。2000 年 10 月，浙江

① 例如，根据浙江省政府采购中心公布的结果，政采云有限公司成功中标 2020—2023 年度浙江省政府采购云平台服务项目，报价为 2.16 亿元。参见：http：//www.ccgp.gov.cn/cggg/dfgg/cjgg/202011/t20201126_ 1550380－7.htm。

省成立了全国第一家省级采购专业网站“浙江省政府采购网”。2003 年，浙江省财政厅建立了政府采购信息管理系统。经过 10 多年的建设、发展和完善，形成了交易全流程、监管全流程的政府采购信息管理系统，为新时期采用互联网技术、数字技术、云技术建设数字化平台——“政采云”奠定了良好的基础。整体来看，“政采云”包括如下三个发展阶段。

一是筹备阶段。2013 年，以互联网为代表的数字技术在生产、商业领域蓬勃发展。在此背景下，浙江省财政厅意识到政府采购要实现新一轮的深化改革，必须借助互联网的力量，借鉴淘宝、天猫商城、京东商城等消费平台的经验，对政府采购业务进行全面的电商化和云服务改造，整合各类用户和资源，降低政府采购成本，提高政府采购效率和公开透明度。2014 年，浙江省财政厅与阿里巴巴集团签订战略合作协议，合作共建“政府采购云服务平台”。经过近一年时间的调研、酝酿和协商，2016 年 8 月，浙江省财政厅与阿里巴巴集团正式签约，确定了通过资本合作和市场化运营的方式建立“政采云”。

二是建设阶段。正式签约后，浙江省财政厅和阿里巴巴集团共同出资成立政采云有限公司，浙江省财政厅抽调政府采购监管、财务管理、信息技术等方面的业务人员，阿里巴巴选派了一批技术人才，共同构成了政采云有限公司的骨干力量。同时，浙江省财政厅负责重新梳理和统一政府采购交易规则和相关标准，汇聚和整合管理各类用户和资源，而阿里巴巴集团则提供相应的技术支持。2016 年年底，“政采云”及各项基础业务模块开发建设基本完成。另外，浙江省财政厅同步印发《浙江省政府采购信息化建设三年规划（2017—2019 年）》，明确了“政采云”的建设和推广路线图。

三是推广阶段。2017 年 1 月，“政采云”在浙江省部分省级单位试用，并于当月全面上线所有省级单位，在湖州、嘉兴两市和德清、海宁、海盐三县市部分单位试点。2017 年 6 月，浙江省财政厅印发《关于加快推进“政采云”应用有关事项的通知》，进一步加大“政采云”平台在全省的推广力度。随后，“政采云”的交易量和交易规模进入快速增长阶段。仅

2017 年上半年，就有 7886 家采购单位和 27830 家供应商入驻平台，平台累计完成采购交易超过 12 亿元①。自 2018 年起，在不断完善功能的基础上，政采云有限公司向全国推广“政采云”。目前，“政采云”已经应用到除浙江以外的重庆、广西、云南、青海、新疆、吉林、江苏等省（自治区、直辖市），以及海关总署、公安部边防管理局、中国人民银行、国家体育总局、国家税务系统、中央本级等中央单位和部门。

3.2.3 “政采云”建设成效：政府采购业务视角

“政采云”自建设以来，在节约政府采购成本、加强政府采购监管、规范政府采购行为等方面取得重要成效。

一是业务范围不断拓展，交易额大幅增长。除实现浙江省全覆盖外，“政采云”已经覆盖中央多个部门系统和重庆等多个省市。同时，“政采云”陆续上线了医疗馆、疫苗馆、标准软件馆、体育装备馆、警用装备馆等近 10 个专业场馆，为特殊行业部门和单位对专业类商品的网上采购需求提供线上采购通道。另外，2017 年，“政采云”累计交易额突破 100 亿元，如今已经超过 1 万亿元，共有 50 多万家供应商加入平台，日均交易金额超过 3 亿元②。特别值得强调的是，“政采云”为中小微企业参与日益庞大的政府采购市场创造了条件。例如，2018 年，“政采云”上由中小微企业承担的合同金额占总合同金额的比重高达 84.3%③。

二是政府采购流程简化，采购效率显著提升。通过搭建政府采购数字化平台，浙江省率先实现了政府采购从预算、计划、采购、合同到支付的全流程网上操作，“多走网络、少跑腿”极大地简化了政府采购流程，缩短了政府采购时间。从时间上看，传统的招标项目采购平均交易时间需要将近 40 天，“政采云”将其缩短至 23 天；通过平台进行网上超市、在线

---

① 采编部．浙江省政府采购如何迈入“云时代”？——浙江省财政厅总会计师赵立妙答记者问［J］．中国政府采购，2017（8）：13－17.

② 数据来自政采云有限公司官网。

③ 王志刚，周孝，陈旭，等．政府采购数字化转型的成效与挑战——以“政采云”为例［J］．中国政府采购，2019（12）：59－67.

询价的核心交易时间也分别缩短至 0.55 天和 4.48 天[①]。从次数上来看，传统的政府采购文件的备案，从办理招标文件、评标报告到采购合同的备案，至少要跑 6 次。启用“政采云”以后，所有的备案和审查工作可以在线上发起和办结，一次都不用跑。通过流程优化，网上超市操作点击次数从上线时的 29 次缩减到最短 8 次[②]。通过“线上操作、网上办理”，实现了政府采购的“最多跑一次”“一次都不用跑”，大大提高了政府采购的效率。

三是商品质量有所保障，政府采购成本下降。2018 年 3 月，“政采云”与中国质量认证中心合作，建立了平台内商品质量认证、抽检、跟踪、处理机制，通过“亮剑行动”解决商品价格虚高、标识不清、信息不全不准等问题，加强对商品和商家的规范性管理，商品质量得到有效控制。从政府采购成本看，2018 年，平台各类交易成交价格与市场平均价（或预算控制价）相比，平均节约资金 7.8%，节资总额达 83 亿元，“政采云”显著降低了政府采购的成本。

四是采购行为更加规范，政府采购更加透明。“政采云”推动了政府采购全流程电子化，申请、审核、招标、评审、支付、服务、评价等环节均在线上操作，极大地规避了人为因素的干扰，使采购行为更加规范。同时，“政采云”将法定规则内置于采购流程，采购程序遵守采购单位内控管理，通过构建实时监控和智能预警体系，所有采购价格可比、过程留痕、结果可溯，依靠算法对采购过程做到事前预警、事中监控、事后可溯，推动了政府采购阳光透明。

五是开设扶贫、制造精品馆，实现政府采购政策功能。为切实落实政府采购的政策目标，“政采云”开设了扶贫馆、制造精品馆等专业场馆。一方面，平台积极响应党中央关于开展消费扶贫的号召，搭建了农业（扶

---

① 崔旭川，张诚．“两馆”上线：打造政采政策功能落地新平台［N］．台州日报，2019－09－16（008）．

② 郭定方，杨慧芳，陈梁，等．“互联网＋政府采购”的浙江实践与思考［J］．财政科学，2019（7）：124－129.

贫）馆，用来展示和销售浙江省对口支援城市、东西部扶贫协作和其他扶贫地区的优质农副产品，鼓励浙江省行政事业单位、国有企业等的自办食堂、超市等后勤部门以及各个工会组织采购或代购扶贫农产品，目前平均每工作日交易额已突破百万元。“政采云”积极探索“互联网+政府采购+脱贫攻坚”的扶贫新模式，助力打赢精准脱贫攻坚战。另一方面，“政采云”积极发挥政府采购国产优先、绿色优先、创新优先的政策功能，开设了（地方）制造精品馆，通过商品打标、优先展示等手段，方便采购人识别节能环保商品、“首台套”和“制造精品”，有效推动地方企业“走出去”、资金“流进来”，目前，平台上架了大量节能环保商品、“首台套”“品字标”“制造精品”等商品①。同时，通过网上超市的“厂家直销、单位直购”等制度创新，促进政府采购政策在扶持中小微企业、支持自主创新企业或产业高质量发展等方面发挥积极作用。

另外，随着越来越多的采购单位、供应商在平台上入驻，“政采云”在建设运营方面的规模效应也日益突出。与传统的政府采购信息化系统建设项目模式相比，以5年为预算期，“政采云”每年建设维护费用为6143万元，共节约了4919万元，占比约为45%。其中，省市县三级分别节约了76.3%、65.2%和34.2%②。

3.2.4 “政采云”建设成效：政府采购转型视角

“政采云”是数字化平台在我国政府采购领域扎根运用的产物，其实践表明：数字化转型可以推动政府采购的流程简化、成本降低、效率提升，是数字化时代政府采购发展的必然趋势。因此，“政采云”建设的成效还在于为政府采购转型提供了模板、指明了方向，具体如下（见图3-3）。

---

① 参见：《政府采购数字化转型正当其时》，https：//news. zhengcaiyun. cn/luban/news/detail?id = 1426& - utm = a0017. 2befbe9c. cl2. 38. 3096bd40608a11ea8e38c586c33367c3。

② 郭定方，杨慧芳，陈梁，等．“互联网+政府采购”的浙江实践与思考［J］．财政科学，2019（7）：124-129.

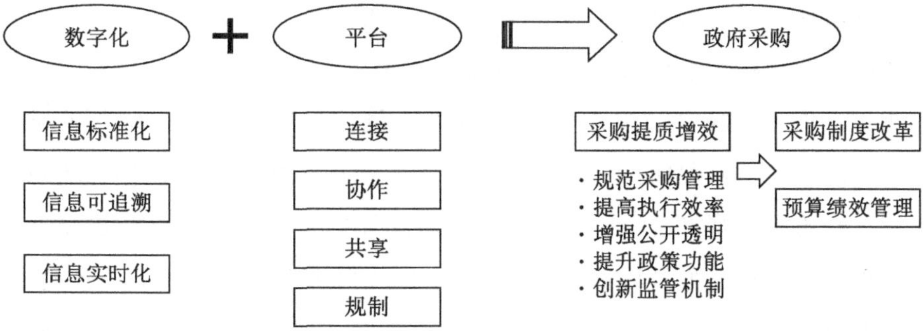

图 3－3　“政采云”促进政府采购转型

第一，运用数字技术构建标准，进一步规范采购管理。标准化体系是政府采购信息化、一体化建设的基础和先决条件。在财政部门的指导下，“政采云”通过对用户、资质、权限、商品、公告、合同、流程等关键内容的梳理，构建了政府采购平台的三大标准体系：业务标准、服务标准、技术标准，通过规范政府采购流程、供应商资质、采购合同等，实现了政府采购行为的规范化。

第二，借助数字平台加强协同，进一步提高采购效率。一方面，平台的开放性增加了竞争效应。“政采云”具备公共服务平台的开放性质，只要符合政府采购资质和准入等要求，采购代理机构、供应商均可入驻平台、公平竞争。平台上的买方和卖方越多，平台的规模效应越大。数量众多的厂商产生充分的竞争效应，有助于提高采购商品的质量，同时降低政府采购的成本。另一方面，平台协作性缩短了交易时间，传统的政府采购模式下往往是采购人“找”商品，交易流程长、商品价格高、质量差等问题突出，“政采云”为买卖双方提供了便捷、公开的交易场所，小额交易可一键下单、一网通采，大额采购全程电子化，网上跑代替用腿跑，极大地降低了信息不对称，提高了采购效率。

第三，创新监管体系，构建政府采购的长效监管机制。监管是“政采云”的三大模块之一。首先，所有采购在线上进行，过程留痕、结果可溯，提高了政府采购监管部门及其他相关部门的监管科学性。其次，通过构建实时监控和智能预警系统，对交易重点环节和关键业务进行了实时监控、自动预警，使政府采购监管部门及其他相关部门的监管更加高效。政府采购监管从侧重事前审批向事前预警、事中事后监管全面加强。最后，实现了对政府采购参与多元主体的监管，包括政府、代理机构、供应商等。平台推动了采购项目、采购流程的透明化运行和规范化操作，增强了政府采购的自我监督功能。同时，“政采云”完善了交易的声誉机制，形成了每个供应商一个“诚信诊断分”，并与“信用中国”等征信平台同步，规制供应商行为，将评价结果运用到交易资格、商品搜索排序、供应链融资等场景，在政府采购领域构建了以信用为基础的新型监管机制。

第四，规范信息公开，营造公开透明的政府采购环境。公开透明是政府采购的灵魂，“政采云”促进了政府采购信息公开的深度、速度、浓度。首先，“政采云”可以记录并关联政府采购的所有细节，如采购过程中的关联主体、主体的关联信息，为政府采购信息公开提供更有“深度”的信息来源。其次，通过与政府采购信息公开平台联通，“政采云”利用快速的信息整合、分析能力，将政府采购行为按照信息公开的要求，实时、分类推送到政府采购信息公开的管理系统，提高政府采购信息公开的速度。最后，“政采云”倒逼政府采购信息公开的标准化建设，如采购公告、采购文件、采购合同等的标准化，因为标准化建设是数字化平台的基础，同时，标准化的信息公开可以提高数据的挖掘、集成、使用性能，进一步反馈到财政管理过程，提高信息公开的“浓度”。

第五，构建服务生态，充分发挥政府采购的政策功能。在财政部门的指导下，“政采云”以生态化的思维，运用市场化的方式，构建政府采购生态，进一步放大政府采购的治理效能①。政府采购具有丰富的政策功能，包括保护国货、扶持中小企业发展、促进科技创新、支持绿色产业等功能，以及劳动保护、职业安全、妇女权益、残疾人就业等社会目标②。目

---

① 参见：《政府采购数字化转型正当其时》，https：//news. zhengcaiyun. cn/luban/news/detail?id = 1426& - utm = a0017. 2befbe9c. cl2. 38. 3096bd40608a11ea8e38c586c33367c3。

② 姜爱华，马海涛．迈上现代治理新台阶的中国政府采购制度——回顾与展望（下）［J］. 中国政府采购，2019（3）：39 - 43.

前，“政采云”通过两个方面提升政府采购的政策功能，一是打造行业生态，开设专业场馆，如扶贫馆、制造精品馆等，促进相关企业在平台上公开竞争，进而推动中小企业切实通过提高自身实力而非政策导向获得政府订单，更加有效地实现政府采购的政策功能；二是打造服务生态，“政采云”依托先进的云平台分层开放技术，吸引金融机构、软件开发商等加入，为供应商开展配套的金融服务、标准服务、大数据服务和 SaaS 应用服务等，为中小企业发展提供支持服务。

第六，完善顶层设计，推动采购制度改革和管理转型。“政采云”不但推动了政府采购提质增效，而且推动了政府采购制度改革和创新。一是通过政府采购的数字化转型，实现“采管分离”，促进财政部门简政放权，通过构建统一开放、竞争有序的网上市场，激发政府采购市场活力和业务创新，使政府采购不断向着“物有所值”的目标迈进。二是着力构建互联互通、资源共享共用的信息化平台，加快破除地方、部门信息壁垒，推动政府协同。三是促进完善政府采购的法律法规，使平台高效有序运转，例如，浙江省于 2017 年 7 月发布的《浙江省政府采购合同暂行办法》是我国首部全面规范政府采购合同的行政规范性文件，《浙江省政府采购评审专家管理办法》对评审专家的选聘、解聘、抽取、使用、监督管理等行为作出了全面规范，《浙江省政府采购电子卖场采购管理暂行办法》促进电子采购活动的法治化。

第七，加强数据决策，推进部门预算科学化和精细化。“政采云”在运行过程中集中存储了大量关于采购用户、采购公告、合同、支付记录等数据，对采购数据进行开发利用，是实现政府采购数字化治理的必然趋势[①]。随着平台的不断发展，平台将从初始的功能驱动、业务驱动转向数据驱动，将这些海量数据转化为预算绩效管理的决策依据，提高预算编制的科学化和精细化，促进我国“建立全面规范透明、标准科学、约束有力

① 王志刚，周孝，陈旭，等．政府采购数字化转型的成效与挑战——以“政采云”为例［J］．中国政府采购，2019（12）：59－67.

的预算制度，全面实施绩效管理”的财政改革进程。

总之，“政采云”推动政府采购实现了两个方面的转型：一是运用数字技术对政府采购流程进行业务重塑，创新业务和信息组织模式；二是搭建开放共享的业务平台，实现采购场所、环境和流程的数字化。其中，前者是数字化，后者是平台化，两者共同促进政府采购的数字化转型，并最终带动政府采购制度改革和政府预算绩效管理，为现代政府建设奠定基础。

3.3 四川省“量服”平台

3.3.1 “量服”简介

2003年，四川省成都市残疾人联合会（以下简称“残联”）在残疾人服务工作中开创了残疾人“量体裁衣”式个性化服务模式（即“量服”模式）。2011年起，该模式在四川省全面推行。所谓“量服”模式，是一种以互联网技术为依托的残疾人服务管理模式：乡镇（街道）、村（社区）在全面掌握辖区内残疾人基本情况的基础上，为每个残疾人量身定做个性化的发展方案或帮扶方案；在帮助残疾人充分挖掘自身潜能的同时，将各级各部门和社会各界为残疾人提供的各项保障、服务和帮扶与残疾人实现有效对接①。

2015年起，四川省开展“智慧量服”工作，专为残疾人服务的数字化平台“量服”由此产生。该平台以“量服”模式为蓝本，设置了“精准需求”“精准施策”“精准监督”“精准管理”四个核心工作模块（见图3-4）。同时，平台设置了“公开信息”与“量服互动”两个模块：“公开信息”实时披露相关政策和工作动态，“量服互动”是残疾人进行咨询以及专业

① 2011年4月，四川省残疾人联合会印发《关于在全省推行为残疾人提供“量体裁衣”式个性化服务的实施方案》（川残发〔2011〕1号）。

服务机构或工作人员予以回复的互动空间。

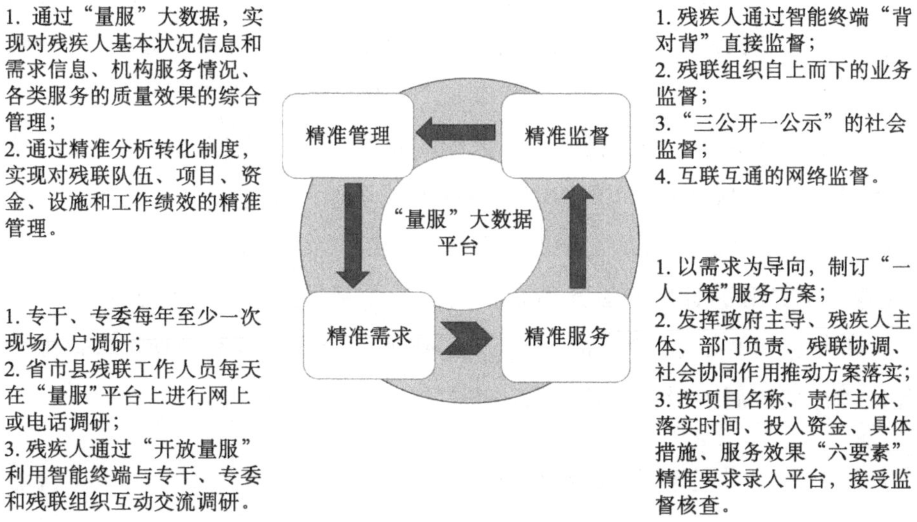

图 3－4　“量服”治理结构

资料来源：四川省残疾人联合会。

依托“量服”提供残疾人服务，主要有如下四个过程。

一是入户调研，录入残疾人基本状况信息和需求信息。基层残疾人工作者逐户深入残疾人家庭，在平台上录入残疾人基本状况和需求信息。残联要求基层人员每年至少一次全覆盖调研，对信息进行修正、补充。

二是为残疾人家庭制订个性化方案。基层残疾人工作者根据掌握的残疾人家庭情况，遵循分类指导的原则，在与残疾人充分沟通的前提下，将残疾人实际需求与各级各部门以及社会各界为残疾人提供的服务项目有机结合起来，制订出充分挖掘和激发残疾人家庭潜能、帮助残疾人家庭发展、对残疾人实施分类救助的各种方案，并报镇街审核。审核通过后，录入残疾人个性化服务信息系统。

三是落实方案。参与和协调相关部门对个性化方案中的项目逐一落实，其中，残疾人及其家庭自身的问题应首先由残疾人及其家庭自己解决，社区（村）要给予必要帮助和督促；涉及社区（村）一级的问题，社区（村）应积极想办法解决；涉及乡镇（街道）及上级的问题，按照属地管理原则，由乡镇（街道）解决或由乡镇（街道）向上级申请解决。协调各个部门（如民政、教育、人力保障、卫生部门）解决相关方面的问题。各级负责人把方案落实情况录入残疾人个性化服务信息管理系统。

四是监督检查、完善提升。为保障“量服”的顺利实施，省、市、县要承担如下主要任务：（1）组织开展本地“量服”工作，制定相关文件和实施方案、研究制定帮扶发展的政策措施、组织实施相关项目；（2）编印“量服”《实用手册》和服务指南，具体指导基层残疾人工作者开展“量服”工作；（3）全面培训基层残疾人工作者；（4）搭建和管理本级信息平台；（5）解决属本级或协调上级解决的具体问题；（6）监督检查。

3.3.2 “量服”发展历程

互联网、大数据等数字技术的广泛应用，开启了“量服”模式的新发展阶段，使残联的公共服务能力和效率得到极大提升，成为残疾人事业治理现代化的有力支撑。从建立到现在，“量服”的发展经历了三个转变。

一是从方法创新到制度创新，工作体系长效化。最初，“量服”模式是成都市残联为解决“找不到”“联系不上”残疾人的问题①而提出的新工作机制：建立“入户调研—制订方案—组织实施—督促检查”的工作思路，实现广泛联系残疾人、主动服务残疾人，切实解决残疾人最关心、最直接、最现实的问题。为了保障“量服”工作科学展开、长效运行，四川省和成都市对自身运行机制和组织建设进行了革新，包括完善领导与决策制度、工作落实与督察制度、队伍建设与考核制度、搭建互联网工作平台等，最终推动了“量服”由工作方法向制度创新的转变。近 20 年来，四川省残联坚持以深化“量服”模式、完善“量服”平台为抓手，不断推动着残疾人事业发展，促使残联组织向服务型组织转型。

---

① 2003 年，成都市残联实施“111”工程，即为残疾人免费配发 100 台轮椅、100 台助听器和 100 根盲杖。但由于找不到、联系不上残疾人，更不知道残疾人的需求，导致有 70 多万残疾人的成都市竟然无法将 300 件辅助器具发放下去。

二是从线下部署到线上优化，公共服务高效化。2015 年，四川省全面推行“智慧量服”，利用智能手机终端采集信息、利用云平台储存数据，将“量服”由线下搬到线上。“量服”贯穿了残疾人需求采集与管理、供给决策、服务流程管理、监督与绩效评价等工作环节。信息化手段极大地促进了残联为残疾人提供公共服务的效率，例如，残联更加全面地了解残疾人需求，制定更加科学的公共服务决策；残疾人或者基层干部在系统中录入的需求信息可以实时更新到上级部门，残联可以更加及时、准确地提供相应的服务；在线可实时查看服务项目的进度、资金使用、残疾人对服务效果的评价，服务过程更加透明。

三是从单边管理到多边开放，治理主体多元化。2016 年，四川省推行“机构量服”和“开放量服”，前者面向服务机构，各类助残机构通过在“量服”平台注册，寻找服务对象、录入服务内容、进行日常宣传、接受残疾人评价；后者面向残疾人，残疾人或其家庭成员可以在平台上查看和更新信息、表达需求、办理事项、进行咨询、跟踪服务进度和评价、浏览相关政策和新闻等。通过向残疾人和社会助残机构开放，“量服”从残联内部管理平台转型为多主体参与的服务型平台，极大地调动了多元力量参与残疾人事业发展。2016 年，加入“量服”的专业机构有 492 家，为 74781 人提供了 216752 项次的专业服务①；2023 年，平台上的专业机构有 2000 多家，为 282779 人提供了 320564 项次专业服务②。

3.3.3 “量服”建设成效：服务能力视角

数字技术的广泛使用，有效解决了残疾人事业治理中长期存在的参与有限且不主动、信息碎片不精准、服务低效不平衡、体系分割不协同等问题，并促进残疾人事业由“管理”向“服务”转型。“量服”的建设和运营，有效巩固了残联在残疾人事业中的枢纽地位，全方位提升了残联的服

---

① 邓宁华．四川省残疾人事业创新报告［A］；郑功成，杨立雄．中国残疾人事业研究报告（2018）［M］．北京：社会科学文献出版社，2018：226.

② 数据来源：四川省“量体裁衣”式残疾人服务平台官方网站。

务能力和服务效能。

一是服务效能提升。残联以信息数据的动态更新结果为依据，坚持需求导向，把服务切实带到残疾人身边，实现了精准服务。通过构建工作的专业化标准，通过类别需求购买社会服务，或者依托平台引入的专业化机构提供服务，实现了更为专业化的服务。依据信息数据的动态更新结果，更好地把握地区、城乡、群体差异，对困难地区和人群予以适度倾斜，促进服务更加均等化，同时，技术手段可以实现远程指导服务、帮助部分残疾人实现网上就业等，进而进一步促进服务均等化。提供科学的残疾人基本服务状况和需求状况的数据分析以支撑政府决策，提升了其服务政府部门的能力。

二是代表效能提升。以信息数据动态更新作为常态化工作机制，在掌握残疾人基本服务状况和需求状况的基础上，形成了科学、权威的残疾人生存现状报告，提升了残联的话语权，更好地代表残疾人向社会发声，向决策者发声。同时作为代表政府和执政党管理残疾人事业的第一团体组织，通过数据平台及时、准确、综合地传达相关政策，更好地发挥其代表政府的能力。

三是管理效能提升。在全国残疾人基本服务状况和需求信息动态更新系统上，残联可以实现对残疾人信息的精准管理、集成管理。而像四川“量服”这种地方性的更为开放的系统，可进一步实现残联服务全流程的信息化管理，如“一人一策”的项目内容、执行进度、资金等。数字化平台带来的公共组织架构的扁平化，还提升了残联组织自上而下自我监督与管理的科学性和常态化。通过为社会组织提供入口，还能实现残联对社会组织的指导和管理。

四是治理效能提升。首先，残联加强信息动态更新平台与有关部门数据的共享协同，接入国家数据共享交换平台，促进了残疾人事业多个管理部门之间的资源共享和政策协调。其次，残疾人和政府部门的距离被缩短，使群众足不出户就能反映问题，及时给予反馈和处理，实现了服务零距离，提高了残疾人主动参与的积极性，提升了对残疾人事业的认可度和满意度。最后，搜集和发布残疾人需求信息并向社会组织开放，有助于引导和培育社会组织参与残疾人事业治理，多元化主体参与机制更加健全。

五是回应效能提升。通过收集和管理疾人基本服务状况和需求状况，提高了政府及残联回应残疾人需求的能力。残疾人事业治理是我国小康进程的重要部分，政策制定者需要关于残疾人需求信息的权威报告，以动态信息更新系统为依据，残联可以更好地回应政策制定者的需求，也能更好地代表残疾人回应社会的关切。相应地，以全面、实时、动态的信息数据为基础，综合残疾人满意度评价，可以更加科学、合理地评价残疾人事业的小康进程，评价政府涉残政策的效果、各级残联的工作成效和社会组织发挥的作用。

3.3.4 “量服”建设成效：组织建设视角

现阶段，我国部分群团组织无法适应新形势下党和政府对群团组织提出的新要求，存在联系群众不紧密、重管理轻服务、工作方式娱乐化、作风机关化等现象。“量服”的出现有效推进了残联的组织模式和治理体系优化，为其他群团组织依托数字化平台实现治理现代化提供了有益借鉴（见图 3－5）。

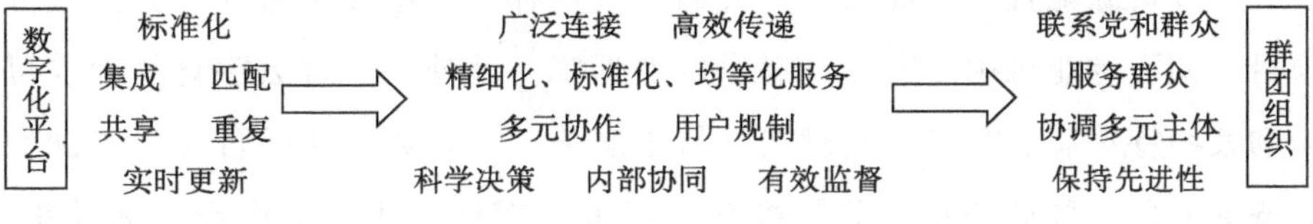

图 3－5 数字化平台促进群团组织治理现代化的主要路径

第一，广泛联系群众，当好党和政府联系群众的纽带和桥梁。与所联系群众保持广泛且紧密的联系是群团组织开展工作的前提，数字化平台为两者的联系提供了一个更加直接、节约、可延展的信息交互场所，使群团组织不再费时费力地通过层层发动去联系群众，群众可以通过智能终端即时寻找组织，实现两者相互靠拢、广泛对接。在实现广泛联系群众的基础上，数字化平台进一步促进群团组织做好“上情下达”和“下情上传”，成为党和政府联系群众的畅通的、科学的、安全的纽带和桥梁。一是快速传递信息，特别是遇到一些重大事件时，群团组织早发现、早反映、早解决，做好党和政府的决策帮手，以避免在群体内产生不必要的发酵甚至是被敌对势力利用。二是信息全面科学，群团组织既可以集成各个政府部门相关政策，向所联系群众更具针对性地推送党的政策和方针，也可以集成所联系群众的信息和需求表达，保障群团组织向党反映的民众意愿是群体意识而不是部分小团体的意识，为党和政府提供更加充足的政策证据。三是保障信息安全和真实，群团组织作为数字化平台的运行者和管理者，同时负有保障个人信息安全、保障信息发布真实性的法律责任，平台可以实现信息的跨层级传递从而有效减少信息失真。

第二，提升服务效能，做好服务群众的工作生命线。为群众服务是群团组织的天职，随着我国政府机构改革的深化，群团组织是承接政府社会管理服务职能的重要组织，为所联系群众提供高效的公共服务是群团组织的题中之义。数字化平台为公共服务需求和供给提供了一个广泛集成、精准匹配、兼具标准化和差异化的信息应用场所。一是数字化平台有助于提升公共服务的精准化。平台上集成、分类群众需求，以及集成、分类公共服务设施、专业机构等供给侧资源，利用数据分析技术进行供需匹配优化公共服务资源配置，使群团组织有的放矢地补足基层设施短板、开展服务项目、调配专业机构和人员、提供经费保障。此外，通过数字化平台也可识别某些特殊需求并提供点对点的特定服务。二是数字化平台有助于加快服务标准化，包括信息采集标准化、服务方案标准化、工作流程标准化、管理细则标准化等，促进公共服务提供过程的权责分明、程序规范、长效运行。三是数字化平台有助于促进服务均等化。数字化平台实现全覆盖后，决策者可以更加充分地把握地区、城乡、群体差异，对困难地区和人群予以适度的资源倾斜，促进服务均等化，同时平台支持的远程指导服务有助于促进服务均等化。

第三，提高协同水平，发挥团结一切可团结力量的枢纽作用。群团组织与政党、国家、社会、市场都有着密切联系，是整合政府、市场、社会形成最广泛合力的关键力量。数字化平台为多元主体协作提供了一个信息交互、共享的场所，发挥群团组织服务、协调各个主体的作用。一是提高群团组织凝聚社会组织、市场力量的能力。群团组织通过数字化平台向社会组织、合规企业开放入口，并为其提供信息咨询、行业标准、信用管理等服务，既能增加社会治理的行动主体和可利用资源，又能发挥其引导和促进社会组织健康有序发展的职能。二是加强群团组织与政府部门之间的协同。群团组织所联系群众的需求往往涉及多个职能部门，将数字化平台与其他部门平台在关键要素上打通，可减少多头管理下的政策重叠和政策真空现象。三是群团组织在政府与市场、社会间承担起枢纽作用。既能促进政府为社会组织的健康发展制定条例法规，创造良好环境，同时促进社会组织、相关企业利用专业化力量参与政府公共治理方案的制订和执行。

第四，完善内部治理，成为党的事业的坚实力量。群团组织只有坚持改革创新、锐意进取，切实加强自身能力素质，才能保持和增强党的群团工作和群团组织的政治性、先进性、群众性，成为新时代党的事业的坚实力量。数字化平台通过重构事件底层的信息流系统，推动改变上层组织的协作方式，提升群团组织内部治理能力。一是提升决策领导能力。依托数字化平台，群团组织可获取更加充分、更具时效的决策证据，并利用更为科学的手段将原子化、分散化的个人诉求转变为组织化、集体化的治理行动。二是加强内部协作能力。群团组织利用数字化平台优化工作流程，逐渐形成与其相匹配的部门分工，即中央、省级承担决策分析职能，市（区、县）一层承担协调管理督查职能，乡镇、社区、村委等基层部门承担执行职能。三是完善监督评价体系。依托数字化平台可建立起以服务对象直接监督为主、网络监督和组织监督与之相辅相成的全民监督模式，组织内部的绩效评价也由行政部门上级对下级为主的“内部行为”转变为以群众满意度为主、兼并政府组织运行目标的“开放系统”，促进群团组织更加透明、规范。

3.4 数字化公共服务平台的双边性质与特殊性

无论是“政采云”还是“量服”，其本质都是直接或间接提供公共服务的数字化平台。这里，我们以双边市场理论为基础，对这两个数字化公共服务平台进行一般性分析，着重考察其双边性质和本质特征。

3.4.1 双边市场理论概述

双边市场理论是产业组织理论的前沿领域，产生的原因是传统理论无法解释信用卡等领域的相关事实与争议①，它是互联网经济发展背景下网络外部性理论②与多产品定价理论③紧密结合的产物。所谓双边市场，通常是指存在两组或多组不同用户通过一个共同中介进行交互并获得收益或效用的市场④。其中，共同中介就是双边或多边平台⑤，即主要作用是为用户提供实质或虚拟交易（交互）场所、降低用户间交易成本、内部化交叉网络外部性等。于是，双边平台有如下典型特征：一是存在两个或多个不同的用户群体；二是用户群体之间的交互（交易）存在显著的外部性，即一

① 关于双边市场理论的详细介绍，可参见：Rysman M. The Economics of Two - Sided Markets [J]. Journal of Economic Perspectives, 2009, 23 (3): 125 - 43; Shy O. A Short Survey of Network Economics [J]. Review of Industrial Organization, 2011, 38 (2): 119 - 149; 吴汉洪，孟剑．双边市场理论与应用述评［J］．中国人民大学学报，2014，28（2）：149 - 156.

② Rohlfs J. A Theory of Interdependent Demand for a Communications Service [J]. Bell Journal of Economics and Management Science, 1974, 5 (1): 16 - 37; Katz M L, Shapiro C. Network Externalities, Competition, and Compatibility [J]. The American Economic Review, 1985, 75 (3): 424 - 440.

③ Spence A M. Multi - Product Quantity - Dependent Prices and Profitability Constraints [J]. The Review of Economic Studies, 1980, 47 (5): 821 - 841; Armstrong M. Multiproduct Nonlinear Pricing [J]. Econometrica, 1996, 64 (1): 51 - 75.

④ 关于双边市场的定义与界定尚存在争议，相关讨论参见：Filistrucchi L, Geradin D, van Damme E. Identifying Two - Sided Markets [J]. World Competition: Law and Economics Review, 2013, 36 (1): 33 - 60; 傅联英，骆品亮．双边市场的定性判断与定量识别：一个综述［J］．产业经济评论，2013，12（2）：1 - 18；王小芳，纪汉霖．双边市场的识别与界定：争论及最新进展［J］．产业经济评论，2013，12（3）：1 - 12.

⑤ 可以将双边市场视为存在双边平台的市场，或者是双边平台运营所在的市场。在数字经济时代，越来越多的传统单边平台转型为双边或多边平台，因此这里统称为“平台”。

方参与平台的收益或效益受平台上其他用户组的行为决策或成员数量的影响；三是双边平台为用户间交易（交互）提供相关服务，并将用户间产生的外部性内部化。平台经营者负责运营、管理与维护平台，为用户提供交易或交互所需的场所、撮合或协调、信息发布等服务。

平台经营者所采取的这种商业模式或组织模式就是平台模式，即建设和运营数字化平台，并通过为用户群体之间的交易或交互提供必要的平台服务来获取相应收益或回报。所谓平台模式是相对于传统的经销商模式而言的，两者的差异如图 3－6 所示。在经销商模式下，产品或服务的供应者与需求者直接进行交易或交互，并不必然需要依托第三方。但在平台模式下，产品或服务的供需双方通过平台经营者提供的平台服务来完成交易或交互，因而，可以从一对一转向一对多。需要强调的是，平台模式并非全新事物，它早就存在于过去的经济社会活动中。但是，随着数字技术的发展及其应用普及，平台模式不断创新并与数字技术深度融合，成为现代经济社会中具有广泛应用空间的商业模式或组织模式[①]，而数字化平台也成为数字经济、数字社会和数字政府的重要支撑和核心枢纽。

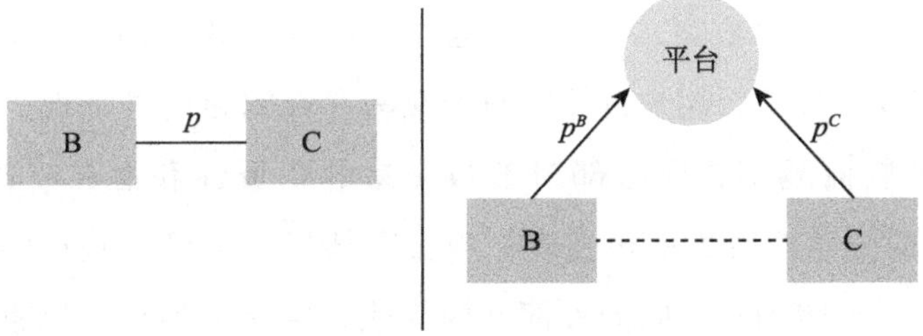

图 3－6 经销商模式与平台模式的对比

注：(1) 左边部分为经销商模式，右边部分为平台模式；(2) 图中 B 代表产品或服务的供应者或生产者，C 代表产品或服务的需求者或消费者。

① 事实上，受产业数字化和数字产业化的推动，平台模式与经销商模式正不断融合、相互渗透，如京东商城同时采用两种商业模式的市场主体正日益增加。

3.4.2 数字化公共服务平台的架构与双边性质

“数字化”与“平台模式”在公共服务领域应用后，便产生了数字化公共服务平台。从政府、市场与社会三者的关系来说，可以将数字化公共服务平台分为两大类：一是G2S平台①，即政府部门（含行政机关、事业单位、国有企业等）作为平台上的一方用户，与企业、个人、社会组织等各类社会主体进行交易或交互；二是S2S平台，即各类社会主体通过政府部门建设或投资的平台进行交易或交互。其中，政府部门所扮演的角色存在较大差异：在G2S平台上，政府部门直接履行提供基本公共服务的职能，或者开展履行公共服务职能所需的政府采购、政府购买服务等业务，即直接或间接提供公共品；在S2S平台上，政府部门直接或间接为市场和社会主体的交易或交互提供平台服务，这些服务属于市场供给不足的准公共品②。由此可知，“政采云”和“量服”均属于G2S平台，S2S平台的典型代表有科技交易市场、证券交易市场③。

如前所述，“政采云”与“量服”都具备双边平台的基本特征。首先，平台上都存在至少两组用户，其中，“政采云”包括政府部门（含行政机关和事业单位）和供应商，“量服”包括以残联等政府部门为主体的服务机构和残疾人。其次，用户群体之间的交易存在明显的外部性，如“政采云”上的供应商越多，政府部门参与交易的积极性和潜在收益就越高；“量服”上的公益性服务机构越多，残疾人从平台上可以获得的收益就越大。最后，平台将用户之间的外部性内部化，转化为用户可以直接或间接获得的收益，如政府部门可以更加便捷、高效地完成商品采购，残疾人服

---

① 其中，G代表政府部门，而S代表社会主体，主要包括企业B和居民C。

② 关于纯公共品、准公共品等的定义与分类，参见：Buchanan J M. An Economic Theory of Clubs [J]. Economica, 1965, 32 (125): 1-14；孙开．公共经济学 [M]．武汉：武汉大学出版社，2007：51.

③ 从功能上来说，可以将数字化平台分为市场创造者（market maker）、受众创造者（audience maker）和需求协调者（demand coordinator）。数字化公共服务平台主要属于市场创造者（如“政采云”“量服”）和需求协调者（如中国浙江网上技术市场等技术交易类平台）。

务机构可以更加高效地找到服务受众。

除基本特征外，双边平台的成立还需满足几个必要非充分条件。这里，以“政采云”为例加以说明。一是交叉网络外部性，即一组用户加入平台的收益取决于平台上另一组不同用户的数量或相关决策。“政采云”上的政府部门或机构越多，供应商加入平台的预期收益就越大，因而更愿意加入平台并销售产品。二是科斯定理失灵，即两组或多组用户无法通过相互间自发协调来解决外部性内部化问题，他们之间的规模化交易必须通过一个双边平台来实现。如果没有“政采云”，政府部门就只能与少数甚至特定的供应商进行交易。三是价格结构非中性①，即平台上所实现的用户组间交易或交互规模不仅与平台收取的价格总水平有关，也会因为价格结构或各组用户间相对价格水平的变动而发生明显变化。数字化公共服务平台的收费会影响某一边用户的参与激励，最终对另一边用户的加入决策产生影响。例如，“政采云”可以只向供应商收费，也可以将固定费用在政府采购部门和供应商之间分摊，而这两种情况下平台的用户规模和交易规模将有显著差异。当然，“量服”等提供纯公共品的平台通常不会向任何一方收费。而一旦收费，服务机构和残疾人加入平台并进行交互的积极性必将发生显著改变。综合来看，“政采云”“量服”等数字化公共服务平台具有明显的双边性质。

作为双边平台，“政采云”“量服”具备与京东商城、滴滴打车等一样的作用。这里，我们首先利用简单模型来分析用户加入数字化公共服务平台的潜在动机。简单起见且不失一般性，假设供给者 B（如商品供应商、残疾人服务机构、城市公用事业单位等）的收益函数为：$\pi=(P-c-c^{B})Q$。其中，P 是需求者 C（如政府采购机构、残疾人、城市公用事业用户等）

---

① 使用这一条件必须满足几个前提，主要是产品或服务提供方不能实施额外收费、市场是不完全竞争的。参见：Gans J S, King S P. The Neutrality of Interchange Fees in Payment Systems [J]. The B. E. Journal of Economic Analysis & Policy, 2003, 3 (1): 1-18。很明显，数字化公共服务平台符合这些条件。

需要支付的价格①；c 是供给者 B 提供单位产品的边际成本，即假定不存在固定成本；c^S 是供给者 B 与需求者 C 取得联系所花费的成本，主要体现为广告费用、搜寻成本、针对性设计所需费用等，假定其与销售量成正比。同时，假定市场具有线性需求函数，具体为 $P = a - c^C - bQ$。其中，a 代表市场容量，即需求者总量；c^C 表示需求者 C 为获得中意产品或服务而付出的非价格成本，主要体现为搜寻成本；b 的倒数反映市场对相关产品或服务的需求价格弹性。求解供给者 B 的收益或利润最大化问题，可以得到如下均衡结果：

$$P^* = \frac{a + c + (c^B - c^C)}{2};\ Q^* = \frac{a - c - (c^B + c^C)}{2b};\ \pi^* = \frac{(a - c - c^B - c^C)^2}{4b}$$

求关于 c^B 与 c^C 的偏导数，可以得到：$\frac{\partial P^*}{\partial(c^B - c^C)} > 0$②、$\frac{\partial Q^*}{\partial(c^B + c^C)} < 0$、$\frac{\partial \pi^*}{\partial c^B} < 0$、$\frac{\partial \pi^*}{\partial c^C} < 0$。由此可见，如果能够有效降低交易或交互成本，则不仅交易或交互规模将增加，需求者支付费用与供应者收益增加还将同时出现。

数字技术具有减少搜寻成本、复制成本、传输成本、跟踪成本、验证成本等功能，即可以从多渠道降低交易或交互成本③。作为数字技术的应用集成，数字化公共服务平台的核心作用，就是降低公共服务需求方和供给方之间的交易或交互成本。例如，在原有经销商模式下，残联需要去寻找需要特定服务的残疾人，因而经常出现“大海捞针而不得”的窘境。现在，通过“量服”，残联等服务机构可以便捷地联系到残疾人，而且可以大幅降低其提供服务的单位成本（即产生规模经济）。同样地，残疾人可以在“量服”上提出自己的各种需求并得到相应服务，而不再需要去挨家

① 其中，残疾人无须为获得服务直接支付货币费用，这一费用将由政府财政或慈善资金来填补。

② 其中，隐含假设是 $c^S > c^B$，即供给者在搜寻方面的投入和成本远大于需求者，这在大部分情况下成立。

③ Goldfarb A, Tucker C. Digital Economics [J]. Journal of Economic Literature, 2019, 57 (1): 3-43.

挨户地寻找服务机构。同时，依靠不断扩大的数据积累和日益先进的数字技术，数字化公共服务平台可以进一步降低供需匹配的成本。除降低交易或交互成本外，数字化平台还具有多重作用，包括但不限于协调用户行为、加强行为治理、强化监督管理等（详见第4章分析）。因此，各方主体都有加入数字化公共服务平台的内在激励，这也是“政采云”“量服”等数字化公共服务平台能够快速发展壮大的根本原因。

3.4.3 数字化公共服务平台的特殊性

得益于如下因素，“数字化+平台模式”开始在公共服务领域渗透：一是消费和生产领域的长期实践，为政府部门建设和运营数字化平台提供了可以借鉴的模式和经验；二是政府数字化转型加快推进，数字基础设施快速发展，有效降低了政府部门建设和运营数字化平台的成本；三是政企合作、政社合作的方式日益成熟，政府部门可以有效利用市场和社会资源来解决自身在人才、技术等方面存在的不足。如前所述，“政采云”和“量服”的发展壮大离不开大量市场和社会主体的积极参与。

如今，数字化平台已成为公共服务供给的重要途径，也是个人、企业、社会组织等各类主体交互的重要场所。但是，数字化公共服务平台的核心功能是利用数字技术来更好地提供公共服务，这种公益属性使其与消费和生产领域的商业性平台存在明显区别。“政采云”虽然在促成买卖交易方面与京东商城、天猫商城等B2C网络购物平台并无二致，但在定位和功能属性方面却有自身的特殊性。因此，我们以“政采云”为例，探讨数字化公共服务平台与商业性平台的差异。

与市场主体的私人采购相比，政府采购具有如下特殊属性：一是公益性。《中华人民共和国政府采购法》（以下简称《政府采购法》）规定，“本法所称政府采购，是指各级国家机关、事业单位和团体组织，使用财政性资金采购依法制定的集中采购目录以内的或者采购限额标准以上的货物、工程和服务的行为”，明确了政府采购具有公共性质。二是政策性。《政府采购法》第九条规定，政府采购应当有助于实现国家的经济和社会发展的政策目标，包括环境保护，扶持不发达地区和少数民族地区发展，促进中小企业发展等。在我国“十一五”规划中，政府采购首次被列为与财税手段、金融手段并列的宏观经济调控手段，使政府采购从单纯的财政支出管理手段上升为国家实现宏观经济和社会目标的公共政策工具①。三是权责不一致性。政府采购和私人采购最大的不同，是代理采购产生的权责不一致。私人采购一般是用自己的钱给自己买东西，采购主体的权利和义务是统一的，采购主体会充分发挥主观能动性，通过市场竞争机制，获得满意的采购结果；政府采购是政府部门用财政税收购买商品并为纳税人提供公共产品和服务，而采购经办人甚至是采购单位都是多级委托—代理层级下的代理人，其权责利很容易失衡，进而出现高成本、低效率、贪污腐败等问题。

受这些因素的影响，“政采云”等专为政府采购而存在的政府采购平台自然有自身的独特之处，这主要体现为平台经营者所受的限制或约束：一是平台经营者（企业或机构）不以营利为目的，而是追求公共利益的最大化；二是平台运营者通常免费为市场两边用户提供服务，其收入来源以承接政府购买服务或政府财政拨款为主；三是平台经营过程中所产生的数据资产面临所有者缺位问题，平台经营者对数据的使用权并未明确，因而难以进行自由的商业性开放；四是平台经营者需要为实施公共政策服务，既发挥政府采购在促进中小微企业发展、支持科技创新和绿色发展等方面的积极作用，也承担着更多的社会责任。具体如表 3－1 所示。

表 3－1　数字化公共服务平台与商业性平台的比较

类别	数字化公共服务平台	商业性平台
典型代表	“政采云”、北京市政府采购电子卖场②	天猫商城、京东商城
一边用户	政府部门（含企事业单位）	消费者
另一边用户	供应商	生产商、销售商

① 姜爱华，马海涛．迈上现代治理新台阶的中国政府采购制度——回顾与展望（上）［J］．中国政府采购，2019（1）：18－26．

② 即“京华云采”，由北京市财政局运营管理，京东中采云提供平台技术支持。

续表

类别	数字化公共服务平台	商业性平台
平台运营者	企事业单位或其合资企业	私营企业
数据属性	公共资产，不存在明确的所有者	部分私有，平台企业依法享有一定的开发使用权
收入来源	以承接政府购买服务或政府财政拨款为主，通过少量特色服务项目获取部分收入	会员费、广告费、服务费、数据开发收益等

资料来源：根据公开资料整理所得。

与“政采云”类似，承担公共服务职能这一功能定位，使数字化公共服务平台具有多重特殊性。

从个体来看，数字化公共服务平台的建设涉及政府、市场与社会三大部门，必须协调好公益性与商业性之间的关系，既要避免过度市场化可能产生的背离公益属性，也要规避过度行政化导致的政府失灵。

从整体来看，数字化公共服务平台的建设既要考虑区域间、行业间、部门间的同质性，以满足公共服务特别是基本公共服务均等化的需要，为解决发展不平衡不充分问题提供支撑，也要兼顾差异性，以满足社会主体日益多元化、多样化、高质化的公共服务需求。

从治理来看，数字化公共服务平台建设既要引入市场机制，以弥补政府失灵、充分提高公共服务质量与效率，也要加强政府治理，通过规范引导和加强监督来规避市场失灵和志愿失灵，有力保障公共服务平台的公益属性，更要强化平台用户规制，确保政府采购机构规范履职、政府采购政策效能得到有效发挥。

从政府职能来看，数字化公共服务平台的出现与发展具有显著的两面性：一方面，平台的发展壮大改变公共服务的边界，要求政府加快实现职能调整与转变，以满足数字化时代的需要；另一方面，平台既是对政府治理的部分替代和效能提升，也因为其特殊性而引发了很多新的治理难题，并给政府治理带来了巨大挑战。其中，数据确权、数据安全保护、个人隐私保护、平台反垄断等就是典型代表。

数字化公共服务平台所具有的这些特殊性，使“技术为王”的思路在公共服务领域很难百分之百奏效，即单纯依靠引入数字技术、使用平台模式，并不足以推进公共服务治理现代化。相反，必须从制度、组织、人才等多个维度同步入手、协同推进。在后面的章节中，我们将进一步展开分析。

3.5 小　结

与数字化深度融合后，平台模式便具有更加广阔的适用场景、更加多元的作用效能。在公共服务领域，平台模式具有提高服务质量与效率、扩大公共服务覆盖面、满足差异化服务需求、构建多元化投入体系等潜能，是解决发展不平衡不充分问题、促进基本公共服务均等化、建设服务型政府的重要抓手。平台模式在保障民生、促进经济发展、维护社会稳定等方面发挥了令人瞩目的作用，也加快了数字化公共服务平台的发展壮大。

需要强调的是，数字化公共服务平台要履行提供公共服务这一职能使命，因而有其自身的特殊性和复杂性。在介绍两个贯穿全文、兼具代表性和特殊性的案例——“政采云”和“量服”之后，本章在双边市场理论框架下对数字化公共服务平台进行初步分析，总结归纳其存在的必要性和使其区别于商业性平台的特殊性。研究发现，数字化公共服务平台具有多重特殊性，政府部门等平台经营者既要实现公益性和商业性的平衡，也要平衡好同质性和差异性，更要处理好政府与市场、政府规制与平台规制的关系。因此，只有从技术、制度、组织等多个维度同步着手，才可能充分发挥数字化平台对公共服务治理现代化的促进作用。

4 数字化公共服务平台的构建机制与运行逻辑

4.1 引 言

新一代数字技术快速发展与广泛运用，使长期存在的平台模式进入新的发展阶段，平台经济快速崛起，成为国民经济的新增长点。而随着云（云计算、大数据）、网（互联网、物联网）、端（终端、APP）等新型基础设施的不断成熟和完善，与数字化深度融合的平台模式向政府和公共治理领域渗透，从商业业态演变为生产生活开展不可或缺的核心组织模式，对经济社会发展产生了深远影响。特别是在教育、医疗卫生、科技等公共服务领域，数字化平台展现出巨大的经济社会价值，因而也被党中央、国务院列入重大决策部署，即以数字化和平台化推进国家治理体系和治理能力现代化①。在此背景下，各级政府建设数字化公共服务平台（或推进公共服务平台数字化）的进程再次加快。例如，“政务云”已成为我国云计算细分市场中最为成熟的领域②。截至2017年，我国30个省级行政区已经建有或正在建设（完成招标）“政务云”，占比96.8%；在中国334个地

① 2018年，国务院办公厅印发《进一步深化“互联网+政务服务”推进政务服务“一网、一门、一次”改革实施方案》（国办发〔2018〕45号）。随后，国务院印发《国务院关于加快推进全国一体化在线政务服务平台建设的指导意见》（国发〔2018〕27号），提出了分阶段推进全国一体化政务服务平台的具体方案。

② 艾媒咨询《2018年中国云计算行业发展报告》。

级行政区中，有235个地级行政区已经建成或正在建设（完成招标）“政务云”，占比70.4%①。

与天猫商城、京东商城、滴滴出行等商业性平台不同，数字化公共服务平台一般采用政府主导、市场建设的模式进行开发运营和维护，这是公共服务的公益属性所致，且数字化平台的应用也给政府治理带来了新问题、新挑战，如数据资产确权、政府公益性与市场营利性之间的平衡等。也就是说，数字化公共服务平台的建设和运营将区别于商业性平台。但是，目前较少有文献对该问题进行系统探讨。尽管“数字政府”“互联网+政务”等概念已经广泛进入政策文件，得到学术界的广泛关注，但已有文献大多从公共管理视角出发，探讨“数字赋能国家治理”“大数据为何以及如何促进政府治理创新”“数字政府建设面临的机遇与挑战”等问题②。另外，经济学领域的文献通常将数字化平台视为一种产业或商业组织模式，并主要探讨平台企业定价、平台竞争、市场策略、平台企业反垄断等问题③，较少关注实践中平台模式向公共服务领域渗透所带来的多重治理问题。

本章以政府采购领域的“政采云”为例，结合双边市场理论和公共管理学等理论基础，深度探讨数字化公共服务平台的构建机制与运行逻辑。具体地，我们着重关注如下三个问题：一是在数字化进程不断加快的背景下，应当如何推进数字化公共服务平台的建设；二是数字化公共服务平台将主要通过哪些机制，有效促进公共服务治理现代化；三是在数字化公共服务平台的运营管理中，平台经营者将面临哪些制度困境，以及将产生哪些创新需求，也就是说，数字化平台在公共服务领域的应用将面临哪些困

① 前瞻产业研究院《2019－2024年中国政府云计算发展前景预测与投资战略规划分析报告》。

② 马亮．中国农村的“互联网＋政务服务”：现状、问题与前景［J］．电子政务，2018（5）：74－84；北京大学课题组．平台驱动的数字政府：能力、转型与现代化［J］．电子政务，2020（7）：2－30；李辉，张志安．基于平台的协作式治理：国家治理现代化转型的新格局［J］．新闻与写作，2021（4）：13－19．

③ 陈红玲，张祥建，刘潇．平台经济前沿研究综述与未来展望［J］．云南财经大学学报，2019（5）：3－11．

难与挑战。结合双边市场理论的基本观点，我们深度探讨数字化公共服务平台的性质界定、运行机制、运行效益、成长空间、制度约束等问题，并将“政采云”案例与所提炼的问题和依托的理论进行对接和比较，最终得到分析数字化公共服务平台相关问题的基本框架（见图4－1）。

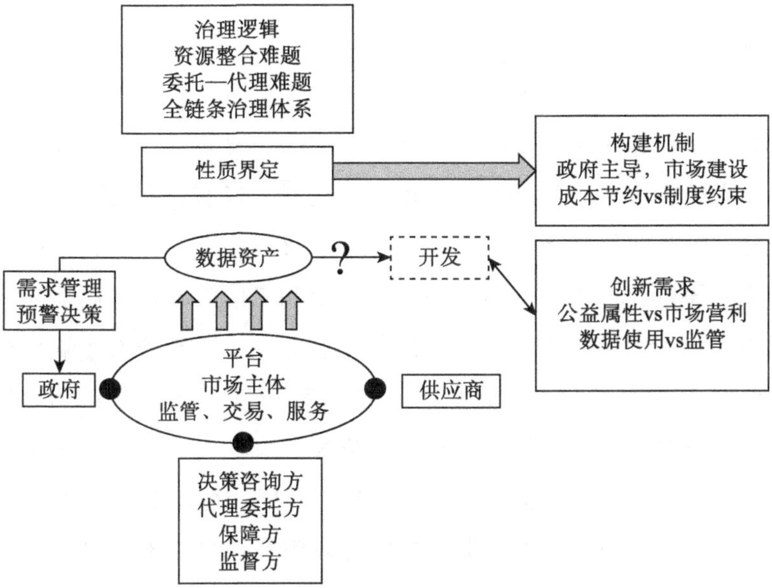

图4－1 数字化公共服务平台的构建与运行：分析框架

4.2 数字化公共服务平台的构建机制

进入21世纪以来，政府公共管理演变的几个基本趋势，就是在行政管理中更多引入市场机制、工商管理技术和社会化手段①。而在我国加快推进国家治理体系和治理能力现代化的进程中，这一趋势更为显著和令人关注，因为治理主体多元化、治理方式社会化是国家治理现代化的基本特征和核心要求。随着大数据、云计算、人工智能等新一代数字技术的发展及

① 陈振明．政府工具研究与政府管理方式改进——论作为公共管理学新分支的政府工具研究的兴起、主题和意义［J］．中国行政管理，2004（6）：43－48.

其向政府公共治理领域的渗透，“政府权威 + 市场技术”逐渐成为政府发展数字化公共服务平台、提高自身治理能力和治理效能的重要模式。我们认为，这种模式是当前历史阶段受资源和权威制度双重约束下，加快实现国家治理方式现代化的理性选择。

4.2.1 市场参与：破解资源约束

与市场和社会相比，政府的数字化转型相对滞后。除思想观念不匹配之外，技术缺少和人才等资源不足是主要原因。要开发、建设和运营数字化平台，必须有大量的各行各业人才提供支撑。当前，在大数据、人工智能、云计算等新一代数字技术研发、应用以及相关产业方面，我国存在非常大的人才缺口。2016 年，教育部、人社部和工信部印发《制造业人才发展规划指南》，预计到 2025 年我国新一代信息技术产业的人才缺口将高达 950 万人①。特别是数字人才高度集中在上海、北京、深圳、广州、杭州等一线城市，以及京津冀、长三角和珠三角等三大城市群，且多属于规模较大的互联网企业②。引进数字人才，是政府部门、企事业单位推进数字化转型的根本要求。但是，机关事业单位的薪酬待遇显然不足以吸引数字人才的大量进入。以政采云有限公司为例，其招聘员工的月平均工资约为 21246 元（2019 年数据），远高于大部分地区的机关事业单位人员的可得薪资（见图 4－2）。因此，政府部门和企事业单位很难在短期内储备一批数字人才，更遑论组建既精通数字技术应用，又了解政府业务的复合型人才队伍。

与此同时，在建设与运营数字化平台方面，市场主体具有政府部门和事业单位无法比拟的效率优势。以“政务云”建设为例，当前全国各地各

---

① 参见：http：//www. gov. cn/xinwen/2017－02/24/content_ 5170697. htm。

② 清华大学经济管理学院互联网发展与治理研究中心，领英．中国经济的数字化转型：人才与就业［R］. 2017－11，https：//www. sohu. com/a/217498244_ 468714；清华大学经济管理学院互联网发展与治理研究中心，领英．数字经济时代的创新城市和城市群发展：人才视角［R］. 2019－11，http：//economicgraph. linkedin. co－m/zh－cn/research/innovative－city－clusters－digital－economy.

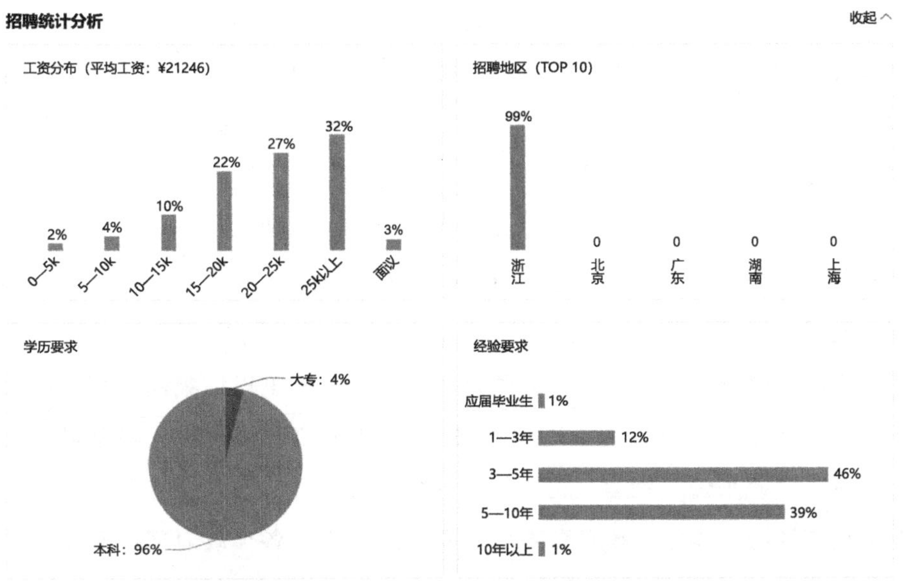

图 4-2 政采云有限公司招聘信息统计（2019 年）

资料来源：企查查。

级政府依托自建数据中心的模式来搭建自身的政务服务云计算平台，但普遍存在资源利用率低、重硬件投资轻软件应用、隐私保护与信息安全保障压力大、维护人员缺乏等问题。通过购买市场主体提供的“政务云”服务，这些问题可以得到极大程度的缓解。一是降低数字政府建设的成本。相比于自主开展信息化系统建设，购买“政务云”服务后，各级政府就不需要自建系统，可以很大规模地节省设备设施采购、运营维护、IT 资源、人才引进等方面的成本。根据对不同系统的成本测算，采购云服务可以节省 20%—80% 的成本①。二是解决日益增长的需求与相对固定的供给之间的矛盾，提高政务信息化系统的稳定性，避免政府网站、系统等出现高峰时频频崩溃与闲时利用率不足并存的问题。三是利用市场上更加先进的技术和专业化的团队，加强政府信息化系统的数据安全保障。四是充分挖掘规模经济和范围经济，推动节能减排和绿色发展。根据测算，政府信息化

---

① 资料来源：https://tech.hqew.com/news_1999843。

方面的用电量占政府用电总量之比高达35%，而这可以通过政府购买服务实现大幅缩减[①]。更重要的是，政府的信息化部门可以从建设、运营、维护等琐碎事务中解放出来，更多地关注长远业务规划和全面的信息化建设，为数字中国建设保驾护航。

在人才、技术等资源严重不足且市场和社会主体效率更高的情况下，政府部门依托非政府部门来推进自身的数字化转型无疑是最优选择。因此，通过购买企业提供的云服务，各地的政务云平台快速建成并投入使用，为数字政府建设提供了关键助力。同样地，阿里巴巴集团所拥有的技术、人才和运营管理经验，是“政采云”迅速发展壮大的重要基础。此外，对于“政采云”而言，由市场主体负责建设和运营，更有利于推进政府采购市场的一体化。政府采购平台的一边用户是各个政府部门和企事业单位，其活动具有明显的区域性，而另一边用户则是可能在全国或全球开展经营的供应商。如果由某个政府部门负责平台的建设和运营，那么很难在吸纳和选择入驻供应商时规避地方保护主义、行政壁垒等因素的影响。由企业、社会组织等第三方来建设和运营政府采购平台，不但能够较好地破解区域性与一体化的矛盾，而且能够更好地推进平台服务和业务创新。

4.2.2 政府主导：通过政府权威破解科层体制约束

建设数字化公共服务平台的根本目的，是更高效、更精准地提供更优质的公共服务，这是我国政府治理的重要内容[②]。政府治理通常采用的是

---

① 在各地、各部门自建信息化系统时，各个分散的中心均需配套散热系统。购买“政务云”服务后，一是可减少分散、独立建设，实现数据中心的规模化、集约化；二是云服务商的数据中心多采用自然冷却等节能技术和设备，PUE远远低于政府自建的数据中心。如此，可以达到很可观的节能减排效果。

② 在中国政治话语和语境中，政府治理概念是一个与我国国情相适应的概念，基本含义基于国家治理的基本含义而生。在中国共产党人治国理政的话语和理论意义上，“政府治理”是指在中国共产党领导下，国家行政体制和治权体系遵循人民民主专政的国体规定性，基于党和人民根本利益一致性，维护社会秩序和安全，供给多种制度规则和基本公共服务，实现和发展公共利益。参见：包国宪，郎玫．治理、政府治理概念的演变与发展［J］．兰州大学学报（社会科学版），2009，37（2）：1－7.

国家权力机制，而国家权力机制的基本特点在于基于合法性的权威强制性，合法性来自全体人民的根本利益要求和共同意志主张，强制性来自强大的国家能力和实力。虽然是通过政府购买服务来提供公共服务，但其实施过程中需要政府权威机制、市场交换机制与社会组织机制三者组合发力，而后两者是以政府权力和权威为制度、以规则保障为基础，在政府授权的条件下得以有效运行的[①]。也就是说，政府权威是公共服务特别是基本公共服务供给中不可或缺的要素。

"政采云"虽然是由市场主体——政采云有限公司建设和运营的，但其开发、建设和运营是以政府授权为基本前提的，是政府权威机制发挥作用的体现。政府不能将政采云有限公司合并到某一公共服务，这与在政府采购中发挥市场机制作用、提高政府采购效率、发挥政府采购政策效能的改革目标相悖。同时，政府也不可以向市场主体过度放权，因为企业作为经营机构，其追求利润最大化的动机与公共事务治理之间存在张力，极易造成系统性公共危机。

另外，在数字化公共服务平台的建设和运营过程中，市场和社会主体必须获得政府的充分支持。在数字化转型背景下，要充分发挥数字技术和数字化平台的积极作用，必须有效破除我国科层制政府治理体系下存在的权力碎片化、业务流程碎片化、信息数据碎片化、监督管理碎片化问题。而在现有行政管理体制下，要破除科层体制的这些约束，政府特别是中央和省级政府必须加强顶层设计，推动系统性、全面性的体制机制改革。在"政采云"的发展过程中，政府的作用更是得到了充分凸显。政府采购业务本身是政府的需求，政府也是政府采购的政策制定者，政府采购各流程的协调和业务拓展也依托政府部门协调。正是因为有浙江省委、省政府的大力支持和有针对性的制度和政策保障，政采云有限公司才能在短期内将"政采云"覆盖浙江全省，并逐步向其他省市推广。

① 王浦劬．国家治理、政府治理和社会治理的含义及其相互关系［J］．国家行政学院学报，2014（3）：11－17.

综上所述，“政府主导＋市场建设运营”模式，是在面临资源和制度双重约束下，政府发展数字化公共服务平台的最优选择之一[①]。在“政采云”案例中，浙江省财政厅和阿里巴巴集团合资成立了政采云有限公司，充分利用了政府和市场各自的优势，使这一模式的作用得到了最大程度的发挥。

4.3 数字化公共服务平台的作用机制

双边市场理论相关研究表明，在网络购物、网络约车、线上外卖等商业性双边市场中，数字化平台的作用主要包括提供交易或交互场所、消除信息不对称、降低交易成本、内部化用户组间存在的多重外部性、协调用户行为与需求、提高供需匹配度等，最终提高市场机制运行效率、增进社会福利。那么，数字化平台如何有效提升公共服务的政府治理效能呢？

在公共服务领域，数字化平台实际上通过数字技术为政府、市场与社会三类主体之间的有序互动提供了线上或者线上线下相结合的场所或渠道，并提供用户间交易或交互所需的各种服务，这为破解公共服务治理中存在的弊端与困境提供了技术、手段等多个方面的可能。以旨在为履行公共服务职能提供支撑的政府采购为例，“政采云”等政府采购平台可以从以下四个方面发挥作用。

4.3.1 有效降低成本，提升财政资金使用效益

要解决新时代人民日益增长的美好生活需要和不平衡不充分的发展之间的矛盾，提升财政资金使用效益是重中之重。数字化平台模式的推广应用，有助于减少供给成本、提高公共服务效率。

在 G2S 平台（包括 G2B 与 G2C 两种）中，这种作用主要是通过减少

① 蒋敏娟. 地方数字政府建设模式比较——以广东、浙江、贵州三省为例 [J]. 行政管理改革，2021 (6)：51－60.

政府部门（含企事业单位）的搜寻成本来实现。一方面，通过数字化公共服务平台，政府部门可以便捷地找到需要服务的社会公众，确保公共服务发挥最大作用。特别是平台有助于打破地理或时间限制，确保每种产品或服务都能达到最大程度的利用，即公共服务平台能够产生可观的规模效应和成本节省。另一方面，在政府采购、药品集中采购、政府购买服务等方面，政府部门可以借助平台服务得到物美价廉的产品或服务，大幅减少提供优质公共服务的前期成本投入。当平台上用户数量越多时，搜寻成本的节省规模越大，这是间接网络外部性的典型体现。

在 G2S 平台（包括 B2C、B2B、C2C 三种），建设数字化公共服务平台可以有效减少政府的重复投入或资源浪费。例如，在科技创新方面，基于数字化平台模式的科技成果交易市场可以持续为企业、科研机构等提供服务，且覆盖范围、多元化服务能力等明显增强，从成本来看，明显优于传统的成果对接会、展示会等形式。需要强调的是，基于互联网等数字技术的平台可以将很多公共服务线上化、数字化、智能化，从而大幅减少公共服务供给过程中设施设备、商品等的购置或建设投入。当然，要最大限度地获得这种成本节省，就必须加快推进政府数字化转型、打造政府数据开放共享平台、实现数字化平台互联互通、加强数据治理和平台治理。

4.3.2 实现供需匹配，实现公共服务提质增效

政府部门以提供标准化公共服务为主，难以满足人民群众日益增长的多元化、多样化需求，这是公共服务供给面临的一大困境。由于供需不匹配，大量的公共产品或服务投入均未达到预期效果，甚至造成了严重的公共资源浪费。除了确保已有公共产品或服务的作用最大化外，数字化公共服务平台还能有助于实现供需有效对接，从而切实提高公共服务的质量和效率。

一方面，政府部门可以针对公众或企业的特定需求，专门设计并提供有针对性的公共产品或服务。数字化公共服务平台的作用，是使这类产品或服务的供给成本最小化，包括收集信息、分析诉求、根据反馈及时调整

等。具体地，依托数字技术和平台集成优势，政府部门可以有效解决小众型公共服务的供给成本过高、个性化需求无法发现、规模经济与范围经济无法达成等问题。

另一方面，通过直接建设或资助数字化公共服务平台，政府部门可以对社会主体之间的供需进行有效协调，从而充分发挥公共服务的应有作用。例如，通过数字化技术交易市场，企业可以迅速找到合意的专利技术，而专利所有者也可以实现自身创新成果的最大化。可以说，公共服务平台是政府公共服务提质增效必不可少的助推器。

4.3.3 打破信息不对称，有效抑制败德行为

信息不对称及其引发的委托代理、道德风险、逆向选择等问题，是出现市场失灵、政府失灵和志愿失灵的主要原因之一。而在公共服务领域，信息不对称是制约政府公共服务能力提升的重要因素，多级委托—代理更是加剧了这一问题。与经销商模式相比，平台模式的突出优势之一便是弱化信息不对称。除促进公共服务供需匹配外，平台模式的信息优势有助于化解公共服务供给中的治理困境。

一方面，作为数字化公共服务平台的参与者，相关政府部门可以有效识别企业、社会公众等服务对象可能出现的机会主义行为。例如，供应商可能凭借自身信息优势，通过弄虚作假、假冒伪劣等方式骗取政府部门的采购订单，或者高价销售等。通过数字化平台提供的各类服务，作为采购方的政府部门可以进行精准识别，避免在价格、商品质量方面陷入被动。而在直接面向社会公众的服务方面，弱化信息不对称也是避免公地悲剧的重要保障。

另一方面，依托数字化公共服务平台直接提供的相关资料、数据和信息，监管部门可以对公共服务供给者、需求者等监管对象进行有效监管，从而抑制腐败、懒政怠政等损害公共服务能力、效率和政府公信力的行为。公共服务供给涉及多层委托代理关系，这意味着解决信息不对称问题、增强分析和甄别能力是提高政府公共服务能力的内在要求之一。

4.3.4 强化多方参与，促成多元主体社会共治

提供公共服务的本质，在于服务和增进社会公共利益。政府、市场或社会中的任何一方单独提供公共服务，都无法有效规避系统性失灵问题。社会各界的共同参与，是公共服务不偏离公益属性、真正服务于社会公共利益，且不断提升多元化公共服务能力、规避发展不平衡不充分等问题的根本保障①。数字化公共服务平台的产生与推广，为各类社会主体共同参与包括公共服务供给在内的社会治理提供了便捷、低成本的渠道。

首先，平台能够高效实现用户协调，从而有利于明确政府、市场与社会各方主体之间的关系，为分工协作奠定良好基础。其次，数字化公共服务平台为各方主体提供了交流互动的平台，为诉求表达、科学决策、事后评价、及时调整等创造了可能。需要强调的是，数字化公共服务平台通常能够形成较为完善的声誉机制，这将在监督管理、绩效评价等方面发挥重要作用，为政府公共服务的提质增效提供有效保障。最后，数字化公共服务平台所具备的实现规模效应、内部化外部性等功能，有助于破解公共服务供给面临的资金、资源、能力、技术等门槛，这将激励更多的企业、个人、社会组织等微观主体参与公共服务供给及相关治理。数字化公共服务平台能加快社会共治格局的形成，而后者则通过协调、整合政府、市场与社会的力量，有效解决政府提供公共服务面临的资源与效率不足问题，切实提高公共服务能力与质量。

以“政采云”为例，其发展推进了政府采购数字化转型进程，核心在于两个方面：一是基于数字技术实现政府采购流程的重组，创新信息和数据的组织模式；二是搭建数据开放共享平台，为发掘数据价值奠定基础。其中，平台是数字化的“基础设施”。数字化使政府采购信息存储实现了标准化、实时动态查询、可追溯，而平台化则使政府采购信息数据更便于

---

① 周江平，罗依平．多元共治：助推公共服务供给侧改革［N］．中国社会科学报，2017－11－14（004）；江必新．关于多元共治的若干思考［J］．社会治理，2019（3）：5－15．

交互，有利于破除数据壁垒、降低实时政府采购中的交易成本、搜寻成本、跟踪成本和验证成本。信息存储和信息交互两个方面的革新相结合，有效促进了政府采购的数字化转型，最直接的效果是政府采购业务提质增效，包括更加规范的采购管理、更高的执行效率、采购更加公开透明、更充分地发挥采购的政策功能、更加科学健全的监管机制。除此之外，更为重要的是政府采购数字化转型还将进一步产生衍生效应，即加快推动政府采购制度改革和政府预算绩效管理。

总的来说，在履行公共服务职能时，政府面临着多重困境，主要包括效率低下、供需错配、监管缺位、社会参与不足、标准化与差异化难以兼容等方面。“数字化 + 平台模式”在公共服务领域的广泛运用，或者数字化公共服务平台的发展壮大，能够通过破解这些困境来有效提升政府公共服务能力、促进公共服务治理现代化。

4.4　数字化公共服务平台的制度困境

受制于人才、技术、资金等方面的资源约束，政府部门自身难以高效、快速地建设数字化公共服务平台，通常需要引入市场和社会力量，通过政府与社会资本合作的形式（即 PPP 模式）共同推进。但是，数字化公共服务平台以提供公共服务为使命，必须时刻保持和强化其公益属性，这与 PPP 项目一致，即不以利润最大化为目的。数字化公共服务平台经营者必须协调解决好公益性与商业性之间的关系，并遵守政府公共服务供给方面的相关政策和制度规定，这使其在建设与运营过程中面临突出的制度困境，并给数字化转型背景下的体制机制改革提出了新命题和新需求。这方面，“政采云”面临的问题具有典型代表性，主要包括以下三个方面。

4.4.1　公益性定位与商业化经营存在冲突

以“政采云”为代表的政府采购数字化平台，旨在利用大数据、云计算、人工智能等新一代数字技术，为政府采购的各类当事人提供一个便捷、高效、低成本的在线交易交互场所。因此，“政采云”的基本作用与京东商城、天猫商城并无二致。但是，政府采购是政府履行公共职责特别是提供公共服务的物质基础，天然具有公益性和非营利性，这使以服务政府采购为核心业务的“政采云”等数字化平台必须坚守和强化公益属性。这种公益性定位，使“政采云”在进行商业化经营时受到制约。

一方面，平台规模扩展受限。双边平台的典型特征是存在多重外部性，包括直接网络外部性（或组内网络外部性）和交叉网络外部性（或组间网络外部性）。而双边平台得以存在的基础，就是内部化这些外部性。相应地，平台经营者的盈利能力和盈利水平主要取决于外部性特别是交叉网络外部性的强度，而后者又取决于平台上两边用户的规模。例如，加入“政采云”的供应商越多，政府部门采购机构加入的激励和潜在收益就越大，而“政采云”的价值就越大。这种内在的循环反馈效应[①]，正是双边平台快速壮大的关键所在。但是，“政采云”的一方用户是分散于各地的政府部门和企事业单位，仅靠更多的供应商加盟，并不足以吸引其他地区需求方用户的加入。因此，在“政采云”向浙江全省和全国其他省市拓展的过程中，显性或隐性的政府支持和协助发挥了不可或缺的作用。然而，政府支持单个市场主体在很大程度上属于行政垄断行为，并不符合公平竞争原则。其结果是，“政采云”虽然已经扩张到了近10个省市和地区，但并不能像天猫商城、京东商城那样真正覆盖全国或某个区域的全部。

另一方面，经营行为受限。“政采云”这一平台的经营者是政采云有限公司，它是浙江省财政厅和阿里巴巴集团合资成立的其他有限责任公司，属于典型的市场主体。然而，“政采云”属于公共服务平台的一分子，不能进行以盈利为目的的商业性开发，只能提供公益或准公益服务，其收入主要来自承接政府购买服务和其他面向供应商的少量服务收费。虽然“政采云”从政府采购云平台转变成了政企采购云平台，但其服务的企业

---

① Filistrucchi L, Klein T J. Price Competition in Two - Sided Markets with Heterogeneous Consumers and Network Effects [R]. NET Institute, Working Papers 13 - 20, 2013, https://ideas.repec.org/p/net/wpaper/1320.html.

主要是国有企业，而这类企业也属于公益服务的供给对象。在供应商方面，“政采云”也不能像天猫商城、京东商城等商业性平台一样开发和提供多样化的服务并收取广告费、推广费等多种费用。其原因是，过多收费会通过成本转嫁提高商品或服务的实际采购价格，这可能违背政府采购的公益性要求。因此，“政采云”的收费空间是受限的。即使可以收费，数据产权不明确也使其无法提供与商业性平台一样的增值服务。收入来源和规模有限，难以弥补政采云有限公司的开发、运营和维护成本。

4.4.2 平台运营商缺乏法定的主体地位

伴随数字经济的快速发展，我国政府数字化转型加快推进，各级政府纷纷加大数字政府建设力度。为了不重蹈信息化建设阶段的“信息孤岛”“信息烟囱”“高楼林立”等问题，2015 年国务院印发了《关于促进云计算创新发展 培育信息产业新业态的实施意见》（国发〔2015〕5 号），明确提出“鼓励运用云计算整合改造电子政务信息系统，加大政府采购云计算的服务力度，减少政府私建数据中心的数量”。2017 年，《政务信息系统政府采购管理暂行办法》（财库〔2017〕210 号）进一步明确，不含国家秘密、面向社会主体提供服务的政务信息系统，原则上应当采用云计算模式进行建设。也就是说，通过向社会主体购买平台服务是政府建设数字化平台特别是公共服务平台的首选之策。综上所述，这也是政府面临资源和制度双重约束下的最优选择。未来阶段，各地政府必将更多通过政府购买服务的方式来建设和发展数字化公共服务平台，以此降低政府支出、提高财政经费使用效率和公共服务供给能力①。对于数字基础设施不完善、数字人才严重缺乏的中西部欠发达地区，由平台经营者负责数字化公共服务平台的运营和维护将成为基本模式。

---

① 参见：前瞻产业研究院《2019—2024 年中国政府云计算发展前景预测与投资战略规划分析报告》。

然而，作为数字经济时代一类重要的市场主体，数字化公共服务平台经营者的主体地位并不明确，特别是缺乏法律法规的保障。以“政采云”为例，作为数字化政府采购平台的经营者，政采云有限公司在现有法律体系中难以找到合适的位置。一方面，政府采购方面的法律并不完全适用于数字化政府采购平台经营者。《政府采购法》规定，“政府采购当事人包括采购人、采购代理机构、集中采购机构、供应商等”，数字化政府采购平台经营者并未包括在内。也就是说，在政府采购业务开展中，对于作为第三方主体的数字化平台经营者的权利、责任与义务，《政府采购法》并未给出明确的法律界定。相反，平台经营者又必须遵守《政府采购法》《中华人民共和国招标投标法》等法律对于采购方式、采购程序等的规定，这些约束使其无法像阿里巴巴、京东等纯商业企业一样对商业模式、业务开展方式等进行创新。例如，《中华人民共和国预算法》《事业单位国有资产管理暂行办法》等部分条款规定，政府采购必须履行相应的程序以保证合规性，这使“政采云”潜在的提质增效作用得不到充分发挥。相应地，“政采云”项目采购的平均使用时长在降到一定程度后无法继续减少。

另一方面，数字化政府采购平台虽然同京东商城、天猫商城等商业性平台在基本作用、商业模式等方面基本一致，但也无法完全适用于《中华人民共和国电子商务法》（以下简称《电子商务法》）。其一，政府采购平台必须保持公益属性，因此政采云有限公司等平台经营者不能采取同阿里巴巴、京东等相同的商业模式。其二，受政府采购特殊性的影响，数字化政府采购平台的业务及其开展行为也不同于电子商务领域。例如，为了实现公平与效率的权衡，政府采购通常会将集中竞价采购作为一种重要方式。但是，《电子商务法》第四十六条明确规定，“电子商务平台经营者为经营者之间的电子商务提供服务……不得采取集中竞价、做市商等集中交易方式进行交易，不得进行标准化合约交易”。也就是说，商业性平台更多应当保持中立性，这与政府采购平台存在明显差异。

4.4.3 平台运营产生的数据资产亟待确权

数字技术快速发展并广泛渗透生产生活领域和公共治理领域，极大地提升了市场、社会和政府的数字化水平。相应地，数据日益被视为重要的战略资源。早在2011年，“世界经济论坛”报告就指出，大数据是新财富，价值堪比石油。党的十九届四中全会将数据同劳动、资本、土地、技术等一并列为重要的生产要素。2020年4月，中共中央、国务院印发《关于构建更加完善的要素市场化配置体制机制的意见》，进一步明确数据要素的地位，并将其提升至经济增长核心力量的高度。然而，数据产权、隐私保护等方面的立法相对滞后，使对数据要素的开发利用受到限制，在公共数据方面尤其如此。政府部门所掌握的公共数据，是由各个部门、各个领域的数据汇集而成的，数据的所有权应当归属于收集与存储者，还是产生数据的个人、企业等社会主体，抑或是某个第三方机构，这些仍然存在很大争议。这是因为在政治领域，数据的所有权是一种新的权力源泉，而其多元性决定了产权归属问题的复杂性。特别是数据的价值高低在很大程度上取决于时效性和可靠性，如果无法简单地确定产权归属，则其价值很可能无法兑现。

在运营过程中，“政采云”就面临数据所有权不明所引致的问题。政府采购业务开展中产生的数据主要来自各个分散的采购人，在一定程度上具有国有资产的性质，属于典型的公共数据。尽管每一份数据都有明确对应的关联人或所有者，但数据集成后必然出现所有者缺位，因为少量数据并不具有潜在价值。同时，政采云有限公司等平台经营者虽然承担着数据的存储与管理工作，但并没有法律明确赋予其对数据的管理权、使用权或收益权，也没有所有者可以为其授权。如果不明确归属问题，长期积累下来的政府采购相关数据将会成为冗余资产，难以发挥政府数据资产的价值。数据规模的扩大只会增加数字化公共服务平台经营者的存储与管理成本，却无法为其带来相应的收益。这一矛盾将降低政府采购平台经营者的激励与活力，最终阻碍政府采购数字化转型的进一步发展。

当然，加快推进政府数据开放共享已成为现阶段社会各界的普遍共识，也是我国政府改变管理方式、创新公共服务、提升治理效能的重要举措[①]。但是，法律法规不完善使政府数据开放共享难以切实推进到位。政府数据开发共享涉及主体多、涵盖程序多、影响范围大，其实施必须有较为完善的法律法规体系予以保障。但是，我国政府数据开放共享方面的法治建设大幅落后于实践需要。国家层面，尚未出台针对政府数据或公共数据的相关法律法规，已有的《中华人民共和国政府信息公开条例》并不适用于政府数据开放共享[②]。2015 年，国务院印发的《促进大数据发展行动纲要》，更多的是关于未来发展的愿景，并无可操作的制度安排和对相关主体权利义务的规定。特别是近期开展的立法更多关注数据安全和个人隐私保护，而未涉及政府数据开放共享。

地方层面，贵州贵阳率先出台了全国首部关于政府数据利用服务的地方性法规《贵阳市政府数据共享开放条例》，北京、上海、浙江、吉林等地也相继制定了地方性管理办法[③]。这些意味着在目前的法律中，对于广泛、全面的政府数据开放共享并无明确的权责利规定，其结果是：首先，责任主体缺位、实施程序不明、开放共享范围与标准不一致，政府数据开放共享以及相关工作难以有效推进；其次，部门间权责利划分不明，难以真正构建有效的政府数据开放共享机制，从而无法实现政府数据的有效整合和集中使用；最后，其他有关法律法规与政府数据开放共享实践不完全兼容，对开放共享相关决策者和执行者的法律保护不到位，因为过大范围

① 翁列恩，李幼芸．政务大数据的开放与共享：条件、障碍与基本准则研究［J］．经济社会体制比较，2016（2）：113－122.

② 根据现有法律、条例或管理办法的界定，“政府数据”与“政府信息”的内涵相距甚大：前者是指行政主体在依法履行职责过程中制作或者获取的，以一定形式记录、保存的各类数据资源；后者是指行政机关在履行职责过程中制作或者获取的，以一定形式记录、保存的信息。也就是说，“政府数据”包括且远大于“政府信息”。

③ 例如，上海出台《上海市公共数据和一网通办管理办法》《上海市公共数据开放暂行办法》；北京出台《北京市信息化促进条例》《北京市公共信息管理办法》，且《北京市公共数据管理办法》正在形成中；浙江出台《浙江省公共数据和电子政务管理办法》；吉林出台《吉林省公共数据和一网通办管理办法》；深圳印发《深圳经济特区数据条例》。

共享数据、泄露公众隐私等问题遭受行政问责甚至承担法律责任的可能，客观上阻碍了各个层面的数据开放共享实践。

事实上，尽管数据可以获取，但这并不代表使用这些数据是道德的①，更不宜用来开展商业开发和经营。特别是一些领域的公共数据还涉及国家安全，更不可以随意进行开发使用。因此，作为政府主导、市场建设模式下的数字化公共服务平台，如果不能科学地界定数据性质（如涉密还是非涉密）和数据权属，那么数字化公共服务平台的经营者就无法直接开发利用平台上日益增长的数据资产。相应地，基于庞大数据方可以开展的预警、智能监管、智慧决策等功能就无法实施，进而严重弱化数字化公共服务平台的潜在价值，不利于数字化转型的进一步推进。

综上所述，数字化时代以“政府主导+市场建设运营”为基础的数字化公共服务平台建设模式，是多重约束下政府部门的最优选择，是推进政府治理现代化的重要内容和制度创新。但是，其他配套的制度和政策体系发展滞后，反而使“政采云”等数字化公共服务平台面临多重制度困境，也提出了加快推进制度创新的诉求。为此，在后续进一步推广应用数字化公共服务平台时，应当加快完善平台经营者权责利定位、明确数据资产产权，为该模式的健康、规范、有序发展奠定坚实的制度基础和法治保障。

4.5 小　结

数字技术不断渗透并与平台模式深度融合，使数字化平台活跃于从生产生活到社会治理的各个领域，成为经济社会实现高质量发展的重要基础。在公共服务领域，数字化平台扮演着日益重要的角色，成为公共服务治理现代化的核心动能。与商业性平台相比，数字化公共服务平台具有多重特殊性，这是否会使其在建设、运营与作用机制方面存在显著差异？是

---

① Boyd D. Privacy and publicity in the context of big data [R]. Keynote Talk of The 19th Int’l Conf. on World Wide Web, 2010.

否会面临特有的困难和局限性？我们以政府采购领域的“政采云”为案例，对这些问题进行了系统探讨。

研究发现，以“政府主导＋市场建设运营”的模式构建数字化公共服务平台，是在资源和权威制度双重约束下各级政府的理性选择，且能够获得成本节省、效率提升、节能减排、组织优化等多重收益。与信息化时代的公共服务平台相比，基于该模式的数字化公共服务平台建设是一种典型的机制创新（见图4－3），且政企合作的成果不再是一个简简单单的信息化系统项目，而是数据（和数字技术）与平台模式融合而成的数字化平台。与信息化建设项目相比，数字化平台可以为政府部门提供多重支持。例如，依托数字化平台，政府部门可以以更低的追踪成本和验证成本①，更高效地做好公共服务供给过程中的行为监管和绩效评价，从而切实推进公共服务提质增效。当然，基于“政府主导＋市场建设运营”模式的数字化平台建设实践，在打破制度约束的同时，也会因为制度改革创新和优化调整滞后而面临制度困境。

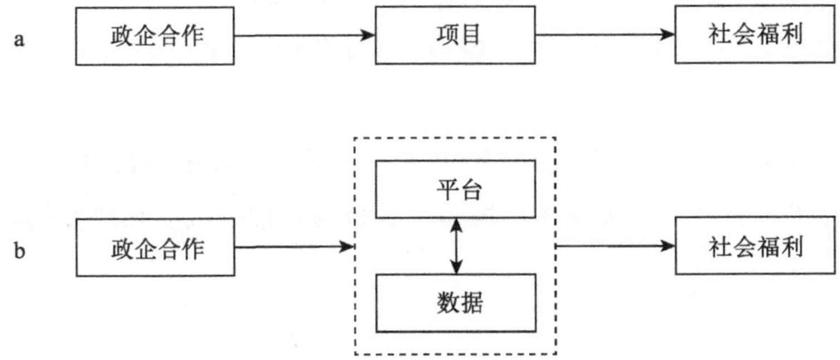

图4－3 信息化与数字化下的政企合作关系比较

注：a反映了信息化下的政企合作；b反映了数字化下的政企合作。

就“政采云”等交易型公共服务平台来说，明确平台经营者法律主体地位、明确数字资产产权归属、协调好公益性与商业性之间关系，是现阶

① Goldfarb A, Tucker C. Digital Economics [J]. Journal of Economic Literature, 2019, 57 (1): 3－43.

段推进制度创新、加强制度保障、夯实高质量发展基础的重中之重。同时，基于上述事实，我们还有以下三点思考：第一，可以将数字化公共服务平台的经营者定位为社会企业。如前所述，公益性与商业性之间的冲突，使“政采云”的经营者政采云有限公司无法积极开拓市场并取得更大程度的规模效应。与此不同，社会企业是以市场手段解决社会问题、维护和增进公共福利的社会主体，它不以利润最大化为目的，但仍然可以获得盈利。通过社会企业这种组织定位，可以实现公益性与商业性之间的合理平衡，从而消除数字化公共服务平台经营者所受的部分制约。第二，数字化公共服务平台的业务类型可以进一步拓展。就像阿里巴巴、京东等不断向产业链上下游和水平方向扩张一样，数字化公共服务平台这种组织模式也可以向其他更加专业或小众的公共服务领域拓展，从而进一步增加原有平台的业务类型和盈利能力，并且有效增强数字化公共服务平台的资源聚集和整合能力。第三，数字化公共服务平台并不是政府数字化转型的终极形态。平台已经在不同意义上被称为“基础设施”①，政府可以通过建设这样的基础设施，吸引用户在基础设施上沟通、交易、创新，政府不必再担任公共服务提供者的角色，转而成为基础设施建设者、运营者、监督者。在这方面，我国可以借鉴英国“数字政府即平台”的理念，由数字化主导政府部门（如政府数字服务组）提供通用共享平台设施，其他组成部门或第三方在平台上开发附加应用，推动以平台为基础的数字化转型②。

① 胡凌. 从开放资源到基础服务：平台监管的新视角［J］. 学术月刊，2019（2）：96－108.

② 张晓，鲍静. 数字政府即平台：英国政府数字化转型战略研究及其启示［J］. 中国行政管理，2018（3）：27－32.

5 赋能与创新：数字化平台驱动公共服务治理变革

5.1 引 言

改革开放以来，我国公共服务体系不断完善，但仍存在供给不足、供需错配、低质低效、发展不平衡等问题。互联网、信息通信技术的发展及普及应用，给政府公共服务能力和效率的提升提供了手段，有力推动了公共服务事业的发展。同时，信息化系统的建设也为数字政府建设奠定了基础。而随着大数据、云计算、人工智能等新一代数字技术的快速发展及广泛渗透，公共服务事业迎来了全新的发展机遇。特别是作为数字技术和平台模式的融合产物——数字化平台，更是成为公共服务创新发展的核心支撑。

相比于数字化平台，互联网、大数据等数字技术的使用相对较早。因此，较多学者关注“互联网+公共服务”“大数据与公共服务”等问题。大量规范性研究和部分以案例分析为主的实证研究提出，数字技术的应用能够增加公共服务的有效供给。例如，借助大数据分析和运算，政府能够更好地把握和了解社会舆情和民众偏好，从而实现公共服务决策的科学化、智慧化和精准化[①]。同时，数字技术的运用有助于减少信息不对称、

---

① 范如国. 公共管理研究基于大数据与社会计算的方法论革命［J］. 中国社会科学，2018，273（9）：75-92+206；陶国根. 大数据视域下的政府公共服务创新之道［J］. 电子政务，2016，158（2）：77-82.

提高公共服务供需匹配精度，最终提升公共服务供给效率[①]。

随着传统公共服务平台更多地使用数字技术，数字化平台在公共服务事业发展中的作用变得日益突出。例如，通过泛在网络、在线获取、菜单点菜式服务，政府部门甚至可以实现差异化、个性化甚至定制化的公共服务供给，使公共服务更具“锚向性”[②]。但更重要的是，数字化公共服务平台可以降低居民、企业、社会组织等公共服务相关主体获取信息的门槛[③]，并为各方主体提供便捷交流互动的场所（即平台）。因此，数字化平台不但具有消除信息不对称、提高公共服务供给效率等作用，而且还能驱动公共服务治理变革。例如，社会主体通过平台交流互动，在表达意见、反馈诉求的同时也能对公共部门行为进行实时、有效监督[④]，这将加快公共服务领域监督的社会化[⑤]。同时，数字化平台为社会主体参与公共服务治理提供了有效支撑，这将推进公共服务供给的多元化、社会化，进而从根本上解决公共服务供给不足、不平衡等问题[⑥]。因此，数字化平台如何推动公共服务治理变革和现代化，成为现阶段值得关注的重要问题。

5.2 理论基础与分析框架

目前，关于该问题的已有研究主要有两个特点：一是规范研究从比较系统的角度探讨数字技术和数字化平台将如何赋能公共服务变革，而实证研究则基于我国公共服务创新实践，从精准管理、整体治理等角度探讨数

---

① 宁靓，赵立波，张卓群．大数据驱动下的公共服务供需匹配研究——基于精准管理视角[J]．上海行政学院学报，2019（5）：35 - 44.

② 邓念国．公共服务如何实现精准化供给［N］．学习时报，2015 - 12 - 07（005）．

③ 关婷，薛澜，赵静．技术赋能的治理创新：基于中国环境领域的实践案例［J］．中国行政管理，2019（4）：58 - 65.

④ 2020 年疫情防控期间，武汉火神山、雷神山等医院建设过程中的千万网友“云监工”就是典型代表。

⑤ 梁木生．略论“数字政府”运行的技术规制［J］．中国行政管理，2001（6）：20 - 21.

⑥ 张新生．创新社会治理：大数据应用与公共服务供给侧改革［J］．南京社会科学，2018（12）：66 - 72.

字技术和数字化平台对公共服务供给的影响；二是现有研究对数字技术嵌入公共服务的路径、机制、影响等议题或者混合，或者割裂，而数字化平台是数字技术和平台模式的融合，目前尚未建立起关于数字化平台赋能公共服务治理的理论体系和分析范式。

在后新公共管理时代，数字化平台虽然被认为是公共服务治理变革的重要基础，但其对公共服务治理变革的影响是在不同的制度环境中实现的。因此，公共服务治理变革具有强烈的国家色彩，各国政府都在探寻新的改革之路，因而呈现出显著的多元、混杂特征①。即便现阶段西方国家兴起了 DEG 分析范式，在不同国家的公共服务事业改革进程中也呈现出不同样式。中国是世界上最大的社会主义国家和发展中国家，数字化转型背景下数字化赋能公共服务治理变革的进程和模式，是世界公共服务治理领域重要的实践样本和理论来源。因此，有必要着眼中国公共服务治理的创新实践，系统地提炼出数字化平台驱动公共服务治理变革的理论体系。

本章结合已有文献和实践案例，构建大数据技术驱动群团组织公共服务治理模式升级的“路径—体系—效能”分析框架（见图 5 - 1）。一是大数据技术嵌入公共服务治理路径，主要包括需求数字化、服务标准化、管理闭环化等。二是大数据技术引起公共服务治理体系发生改变，主要表现为主体多元、关系联结、角色调整。主体多元是指大数据技术通过连接政府、非政府组织、公民个体等主体，实现公共服务参与主体的多元化；关系联结是指大数据技术通过改变多元主体的交互方式，加强公共部门之间、公共与非公共部门之间、公共部门与公民之间的关系；角色调整是指大数据技术的应用推动了公共服务供给主体的角色转换，促进公共部门从管理者向服务者调整。三是实现公共服务效能提升，集中体现为决策更加科学、供给更加高效、服务更加精准、合作更加开放等方面。

① 孙珠峰，胡伟．后新公共管理改革的起因研究［J］．学术探索，2015（1）：7 - 17.

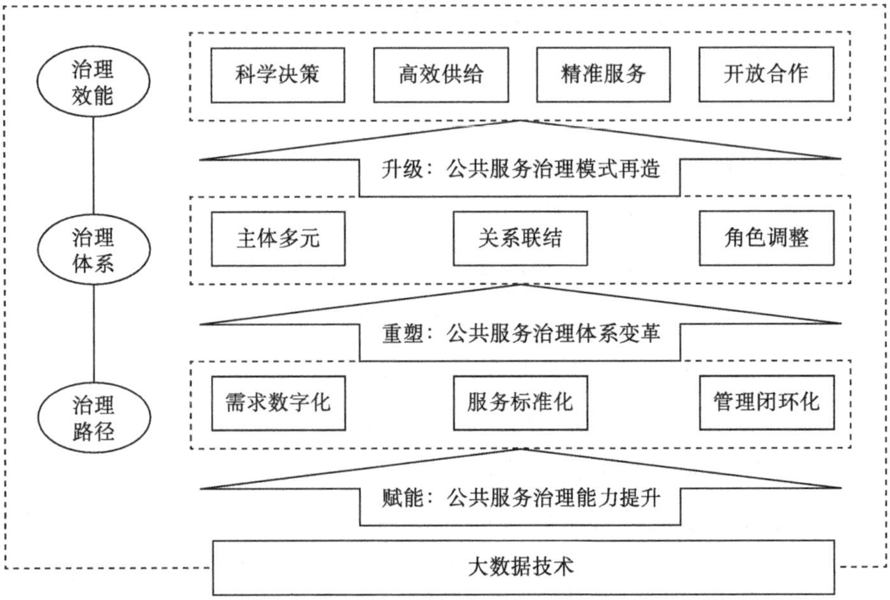

图5-1　分析框架：数字化平台驱动公共服务治理变革

5.3　数字化平台赋能公共服务治理变革的路径

残疾人是一个特殊群体，基本状况及需求复杂多样，对专业化、多元化管理和服务要求相对较高，这决定了残疾人事业需求管理的复杂度。以大数据、人工智能、云计算等为代表的新一代数字技术与平台模式深度融合，通过嵌入残疾人事业治理的“需求管理、供给决策、服务管理、绩效评价”等多个环节，推动了残疾人事业治理的科学决策、高效供给和精准服务，提升了残疾人事业的治理效能。本节基于对四川省“量服”平台运行机制和实践效果的考察，深入阐述、分析、探讨数字化平台赋能公共服务治理的路径。

5.3.1　需求管理

对残疾缺乏严谨和可比的资料，以及对实施项目缺少充足的证据，都是社会理解残疾并对残疾状况采取行动的障碍[①]。全面、精准地掌握残疾人的基本信息和需求状况，是理解并帮助残疾人的重要保障。“量服”平台的第一环节，便是搜集、整理和分析残疾人及其服务群体的信息，通过制定行业标准、收集需求状况、整合各类资源来实现残疾人事业治理需求管理的现代化。

第一，依托数字化平台制定行业标准。“量服”平台的数据采集分为两部分：一是姓名、性别、残疾人证号、家庭情况、残疾类别、致残原因、监护人姓名及联系方式等85项残疾人基本信息；二是166项残疾人需求状况信息，包括残疾人及其家庭对社会保险、社会救助、托养服务、康复、无障碍改造、教育、就业创业、文化体育等方面的需求等。平台同时对具体指标辅以详细的专业性解读，提高了残疾人事业需求管理的专业化和标准化水平。

第二，依托数字化平台收集残疾人需求信息。以“量服”平台为依托，形成了常态化、制度性的“现场入户调研+网上入户调研+开放互动调研”工作机制，定期统计和更新残疾人需求信息。其中，现场入户调研为基层残疾人专干专委配备“量服”APP的智能手机，要求基层人员每年至少一次全覆盖调研，实现残疾人个体需求信息录入；网上入户调研则以省、市、县残联机关干部工作人员为主体，坚持每个工作日完成调研任务，了解残疾人信息；开展互动调研，以残联各级工作者和残疾人为主，进行残疾人需求信息自我申请、残疾人业务咨询与回复、残疾人政策信息发布与浏览等工作。

第三，依托数字化平台整合社会资源。数字化平台不仅包含残联工作人员和残疾人，还整合了以助残机构为主的各类社会组织。2015年以来，四川省以“机构量服”为重要举措，进一步推动残疾人服务专业化。“量服”平台为社会组织登记注册提供入口，使助残机构可以在平台上查找服

① 世界卫生组织，世界银行．世界残疾报告（概要）[J]．中国康复理论与实践，2011，17(6)：501－507.

务对象、进行宣传，减少社会组织与残疾人之间的搜寻成本。

5.3.2 供给决策

供给决策是对需求管理的回应，目的是最大程度地实现残疾人公共服务供给的“物有所值”“物超所值”，增进包括服务效率、服务质量、服务公平在内的公共服务社会总效益。通过对需求信息的收集、整理与分析，“量服”平台既为政府、残联、社会组织等各类主体的产品或服务供给提供决策支撑，也是各类主体以信息化手段实现产品或服务高效高质供给的平台。此外，向社会大众传递残疾人生存与发展状况也是“量服”平台供给“思想”的一部分。

第一，为政府有关部门提供决策支撑。残疾人事业政策体系涉及多个部门，各个部门不可能针对残疾人单独开展数据收集和监测，这往往导致了政府各部门在制定政策时对残疾人的特殊性欠缺考虑。“量服”残疾人数字化平台，可以通过发挥残联作为政府和残疾人的桥梁和纽带的作用，将残疾人需求以及公共服务供给资源等相对分散的信息聚合为公共话语体系，向政府各个部门传递群体需求。如此，政府部门可以事先考虑残疾人的特殊性，制定相应有据可循的决策并提供针对性的公共服务①。

第二，助力残联及其基层工作者实现精准施策。依托“量服”平台，残联可以采用科学的数据分析和处理方法，对残疾人需求状况、社会助残资源进行分地区、分类别统计，从而不断优化现有资源的地区间配置。同时，“量服”平台也能够提高残联服务的精准性。基层残疾人工作者在与残疾人充分沟通的基础上，结合残疾人身体、智力状况、爱好特长和家庭的具体情况，制订“一人一策”的个性化服务方案，录入“量服”平台，由相关部门和机构进行审核并提供服务。

---

① 例如，住建部门在了解残疾人家庭无障碍改造需求的基础上，开展家庭无障碍环境改造项目；教育部门在了解残疾儿童受教育状况及需求的基础上，进一步完善地区特殊教育或者融合教育的基础设施；财政部门通过对地区残疾人需求及生存状况的全面了解，制定相应的财政支持政策。

第三，协调社会组织提供公共服务。助残机构是残疾人事业治理的重要力量，数字化平台有助于充分发挥社会组织力量。一是残联及其他部门在掌握残疾人精准需求的情况下，通过“量服”平台向专业化助残机构购买服务，提高残疾人公共服务供给的专业性和服务质量。二是“量服”平台为助残社会组织提供入口，社会组织可以通过特定的平台入口收集残疾人需求和能力情况，自发、规范地为残疾人提供精准专业服务。

第四，向社会公众传递残疾人状况。让社会公众更加了解、关心和关爱残疾人等特殊群体，是社会主义和谐社会的重要支撑。“量服”平台有助于更加全面、客观地收集与残疾有关的数据和信息，便于相关部门和机构加强对残疾人的研究，向社会各界传递残疾人面临的现实困境和自我发展的迫切需求，增进公众对残疾人的理解与关爱，推动社会各界更加积极、主动地支持残疾人事业，帮助残疾人更好地融入社会。

5.3.3 服务管理

现代化管理是公共服务高效运作的重要保障，它可以减少信息碎片化或信息滞后、组织激励不足、腐败寻租等导致的供需错配问题。残疾人事业治理涉及多类主体的自身管理和对外履行管理职能，其管理流程优化和效能需要更高效的数据信息传递予以支撑。

第一，依托数字化平台进行组织扁平化管理。“量服”平台使残联组织体系由国家—省—市—县和区—乡镇和街道—村和社区—残疾人的垂直单向的层级管理转化为互联互通的扁平化、网络化的组织管理，不同行政层级的工作人员在遵循数据保密性要求的前提下均有权限使用该平台推进并汇报工作，距离基层较远的顶层设计不再绝对依靠下级部门的集成信息，避免了信息传递的失真。

第二，依托数字化平台实现信息实时更新与跨部门共享。一是以往涉残管理部门之间的信息是封闭的，呈现“信息孤岛”现象，政策冲突、政策重叠现象时有发生。残疾人数字化平台相当于一种外部协调力量，针对残疾人进行各部门政策和资源的集成，推动各部门信息共享和共同决策，消除部门之间的公共资源鸿沟。二是在“量服”平台上，政府部门和社会组织间进行必要的信息共享，同时实现了政府部门对社会组织的规范化管理。

第三，依托数字化平台优化工作流程。依托“量服”平台，信息采集录入—方案与预算制订—审批与实施—追踪与反馈的工作流程实现了全程信息化和常态化，并通过集成管理实时统计残疾人事业治理的资金、项目、设施、培训、人才队伍等信息。

5.3.4 绩效评价

注重公共服务绩效评价是新公共管理学的价值取向，公共服务绩效评价是我国构建服务型政府的重要内容。“量服”平台围绕组织监督和公众满意两个维度，设计了残疾人公共服务提供的绩效评价体系。一是在“业务监督”和“公示督察”模块，省、市、县可对工作情况进行随机抽查。二是在“满意度督查”模块，残疾人基于手持终端进行满意度评价，数据实时更新到平台上，使服务提供者可以及时追踪收集残疾人关于服务效果反馈的信息，作为评价整体性与个体化服务有效性的基础，并帮助政府和社会组织及时发现问题并制定纠偏措施。

5.4 数字化平台驱动公共服务治理模式变革

在商业领域，数字化平台不仅提高效率，更可能创造出新的商业模式，定义新的竞争范式，进而带来运营管理模式的创新[①]。同样地，在公共管理领域，数字化平台不仅能够提高公共管理的效率，还会带来管理思维、管理结构、管理模式的重大变化，从而推动公共管理彻底革新[②]。在数字化平台嵌入公共服务治理的过程中，公共服务治理的参与主体、主体

---

① 陈剑．从赋能到使能——数字化环境下的企业运营管理［J］．管理世界，2020，36（2）：117－128.

② 胡键．大数据与公共管理变革［J］．行政论坛，2016，23（6）：6－12.

间关系、主体的职能也发生了相应的转变，实现了更加深刻的价值创新——公共服务治理模式的变革。本节从主体多元、关系重塑和职能转变三个方面，探讨数字化平台如何驱动公共服务治理模式变革。我们也将看到，公共服务治理模式的变革，也是数字化平台持续赋能公共服务治理的内在动力。

5.4.1 主体多元

在传统的公共服务治理中，政府始终居于支配地位①，是公共服务供给的绝对主导，独享公共服务决策、筹资、生产安排和具体供给的权力。资源和能力向政府管理一边倾斜，社区面貌和秩序可能光鲜亮丽，但也会面临高昂的行政成本和看客式的社区居民②。同时，由于缺乏有效的监督，难免会出现权力寻租和腐败问题，公共服务脱离民众的真实利益诉求。即便没有权力寻租问题，也会由于公共服务封闭在政府权力体系内而导致社会的不信任，使政府本身陷入“塔西佗陷阱”。随着政府治理理念的不断演变，“合作生产”③ 或“共同生产”④ 等公共服务治理理念受到广泛推崇，即通过构建政府、公众、企业、社会组织等利益主体合作的制度安排，创新公共服务供给和生产模式。然而，受到体制障碍、技术瓶颈等多种因素限制，现实中多元主体协作参与公共服务治理的可行性和可持续性一直不容乐观。数字技术和平台模式的到来提供了解决途径，进而促进了公共服务治理体系的开放和共享。

数字化平台使公共服务协同治理得以实现，且有效保障了参与效率的提升。多渠道信息来源和海量数据打破了政府独家信息垄断地位，为协同

① 胡键．公共管理伦理变迁：从传统社会到大数据时代［J］．中国行政管理，2019（6）：75－81.

② 容志．推动城市治理重心下移：历史逻辑、辩证关系与实施路径［J］．上海行政学院学报，2018（4）：49－57.

③ 朱春奎，易雯．公共服务合作生产研究进展与展望［J］．公共行政评论，2017，10（5）：188－201.

④ 张云翔．公共服务的共同生产：文献综述及其启示［J］．甘肃行政学院学报，2018（5）：31－45.

治理主体构成的扩大提供了基础。同时，“多对多”的信息传递降低了社会公众知情、参与、表达、监督公共服务治理的信息门槛，从而促成了多主体更加积极有效地参与社会治理，形成公共服务治理的“群体智慧”。例如，四川省“开放量服”使残疾人通过手持终端能看到——在平台上了解相关信息和政策，能说出——在平台上反映情况、提出需求、评价服务，与残疾人工作者、有关部门、服务机构和其他残疾朋友交流互动。“机构量服”使社会组织和企业更加快速、节约地找到、了解、帮助残疾人，改进服务流程和质量。例如，一个服务机构的负责人指出：“‘量服’平台就是‘灯塔’，让我们知道要做些什么。”①

5.4.2 关系重塑

数字化平台通过有效应用数字技术和平台模式，不仅使多元主体形成稳定的信息连接，更是在连续多次的信息交互和信息应用的过程中重塑主体之间的关系。

一是政府组织内部的关系重塑：一致行动。“自上而下”的科层制政府，是公共服务职能的承担者，也是社会公众的代理者②。在权力关系明确、等级层次有序的组织架构下，通过专业化人员和正式规章制度实现政策指令自上而下地贯彻落实③，被认为是一种最有效率的理性组织结构。然而，这种金字塔形的治理结构引致资源配置的倒金字塔结构，离金字塔塔尖越近的部门获得的公共资源越多，导致公共服务的基层资源短缺。同时，等级制的权力矩阵关系容易造成“职责同构”问题及“双重从属制”弊端④，导致责任下移至权力最小的基层部门，基层部门在强管理、弱激

① 邓宁华．四川省残疾人事业创新报告［A］；郑功成，杨立雄．中国残疾人事业研究报告（2018）［M］．北京：社会科学文献出版社，2018：228.

② Brudney J L. The evaluation of coproduction programs［J］. Policy Studies Journal, 1983, 12 (2): 376 - 385.

③ 周雪光．权威体制与有效治理：当代中国国家治理的制度逻辑［J］．开放时代，2011 (10): 67 - 85.

④ 黄毅，文军．从“总体—支配型”到“技术—治理型”：地方政府社会治理创新的逻辑［J］．新疆师范大学学报（哲学社会科学版），2014（2）：41 - 50.

励中出现“避责”动机[①]。资源与责任的不对等性、多层主体的行动逻辑不一致性等，使公共服务难以真正下沉到基层、传递到群众。作为多种数字技术和平台模式的集成者，数字化平台的出现打破了政治传播的科层制[②]，为跨层级政府间实现联动改革、公共资源共同决策提供技术条件，推动组织结构向扁平化方向发展。这在一定程度上克服了资源和信息不对称现象，从而增强了多层主体的行动一致性。例如，“量服”平台同时向省、市、县、乡四级残联组织和社区（村）基层工作人员开放，残联组织体系向扁平化网络化调整，多层治理主体之间建立起公开透明、跨越层级的信息传输通道，从而形成彼此制约的合作、代理关系。

二是政府组织间的关系重塑：协同。在相对简单的治理环境中，政府不同部门之间明确分工和责任可以提高行政效率。但是，随着社会治理问题的多样性和复杂性的增加，很多时候需要多个部门协作解决。精细化的部门分工往往由于目标追求不同而出现相互推诿或重复管理的现象，导致公共服务供给的“供给真空”和“供给过剩”[③]。数字化平台为政府部门间实现数据共享提供了技术支撑，具体表现为：依托强大的存储、关联、管理技术，可以克服政务数据碎片化、信息资源共享低等问题，从而优化不同部门的职能集成与分工，加强部门间横向协作。例如，残联推动“量服”平台接入四川省政务大数据共享交换平台，实现与有关部门的共享协同，使涉及残疾人事业的多个行政部门（如住建、教育、社保、卫生部门）之间更好地实现资源共享和政策协同。

三是残联与社会组织的关系重塑：服务与规制。在我国，群团组织和社会组织都是可为特定群体服务的组织。这些组织在活动空间上存在交叉、重叠、替代，甚至在面对日益活跃、更具吸引力的社会组织兴起的挑

---

① 刘凤，傅利平，孙兆辉．重心下移如何提升治理效能？——基于城市基层治理结构调适的多案例研究［J］．公共管理学报，2019，16（4）：24－35＋169－170.

② 潘祥辉．去科层化：互联网在中国政治传播中的功能再考察［J］．浙江社会科学，2011（1）：36－43.

③ 陈刚．运用大数据思维和手段提升政府治理能力［J］．大数据时代，2017（3）：10－11.

战下，群团组织借助“政治权威”对社会组织形成挤压①。与此同时，以残联为例，其专业能力和人才队伍有限，不能满足广泛的、多样的残疾人需求，通常会向社会组织购买服务。由于缺乏对社会组织的了解与合理规制，助残社会组织提供残疾人服务效果不佳，但难以追责等问题时有发生。“互联网+数字技术”的广泛运用，为残联与助残机构开拓了新的关系切合点。通过开展“机构量服”，残联向社会组织开放入口，为助残机构提供信息咨询、行业标准、信用管理等服务。残联既承担起为社会组织提供信息的服务者角色，又承担起引导和促进社会组织健康有序发展的规制者角色。

四是残联与残疾人的关系重塑：信任。残联是代表、服务、管理残疾人的事业团体，是我国残疾人事业的治理主体。残联扮演着残疾人与政府之间“传递者”的角色，但这一角色并非垄断的，残疾人可以越过群团组织直接找对应的行政职能部门。与此同时，在我国残联组织改革进程中，部分残联组织对党政机关依附性逐渐增强，出现组织机关化、行政化的负面影响，又在党政机关中处于边缘地位，最终引致残联脱离残疾人、残疾人对残联不信任的局面。“量服”平台搭建起了残联与残疾人广泛、紧密、常态化的联系通道，其价值在于：一方面，残联对残疾人需求海量且精准的把握使其成为代表残疾人的权威组织，提升了话语权；另一方面，技术手段的运用促成残联和残疾人互动交流机制的形成，在提高残联为残疾人服务效率和质量的同时，也不断增进残疾人对残联的认可和信任。

5.4.3 职能转变

传统的公共管理是为社会秩序服务的，专注于对人的行为进行规范化，使之合秩序化。在这种框架下，传统政府提供公共服务的主要特征是以行政计划代替公众意愿，政府职能更加倾向于社会管理②。数字化平台

---

① 康晓强．国家治理视野下群团组织转型的困境与出路——以改革开放40年来的中国共青团为例［J］．中共中央党校学报，2018，22（3）：49－58.

② 沈荣华．提高政府公共服务能力的思路选择［J］．中国行政管理，2004（1）：29－32.

在商业领域应用产生的以需求为导向的运营思维和用户习惯，在公共服务领域的数字化平台上得到了全部应用。公民需求在数字化平台的支撑下得到了精准回应，公共服务在数字化平台的支撑下得到了有效供给，加速了政府组织由管理型向服务型的转型。

作为兼具政治性与社会性的组织，在数字化平台的支持和推动下，残联的职能转变体现出三种趋势：首先是突出服务职能。通过搭建一个以残疾人为中心的数字化公共服务平台，残联能够更精准地服务残疾人的多样化需求，更广泛地为社会助残力量提供规范性支持。同时，依托平台的数据支撑，残联能够为政府职能部门提供更科学的决策依据，充分实现其服务残疾人、社会组织、市场力量、政府的职能。其次是突出枢纽作用。以残疾人为中心的数字化公共服务平台，纳入了多方主体。残联通过传递诉求、匹配供需，成为连接政府和残疾人的纽带，成为政府和市场、社会主体沟通互动的枢纽。最后是突出研究职能。随着社会组织的日益繁荣，残联在动员和规范引导社会力量的同时，也可以从为残疾人提供具体服务的职能中部分抽离出来，利用数字化平台集成的治理数据，成为权威的残疾人事业治理研究的科学组织。

5.5 数字化平台驱动公共服务治理的基本效能

5.5.1 决策更加科学

一是决策证据更加充足。数字化平台具有强大的数据收集、管理、分析、数据挖掘和重组的功能[①]，可以帮助决策者获得更加全面、准确的信息，进而作出更加科学的决策。例如，通过“量服”平台，决策者可以充分掌握地区残疾人总量与结构、残疾人服务机构与人员、残疾人公共设施等信息，并与财政收支、产业规划、城市建设、卫生健康、非营利组织建

① 胡键．大数据与公共管理变革［J］．行政论坛，2016，23（6）：6－12.

设等工作相结合，更好地调配公共资源。同时，“量服”平台通过监测残疾人及其家庭的需求，可以有重点地推进康复、扶贫、就业等项目。

二是决策更能体现受众需求。数字化平台促使信息传递通道由线性转为非线性，决策者与民众之间信息资源交互更加直接。公共服务需求特别是残疾人需求管理要依靠最靠近残疾人的基层人员了解、收集，并进行集成反馈。但在传统信息渠道下，由于多层主体的行动逻辑不完全一致，信息容易出现失真。而数字化平台基于非线性与去中心化思维，搭建起快速、精准的反馈渠道，使顶层设计政策更加精准地反映民众需求。

三是决策更具时效性。数字技术的最大潜能在于“预测现在”，即实现“同期预测”或“即时预测”。合理的预测结果有利于政府部门及时做出决策①，从而规避公共决策结果的不可预知性。例如，在“量服”平台上，残疾人可以进行咨询、浏览新闻和政策，这些数据信息可以帮助决策者在平台上及时发布和补充有关的专业知识、政策文件及解读。

5.5.2 供给更加高效

一是节约服务成本。“量服”平台无纸化、常态化管理，既节约了纸张消耗，也避免了每年重复登记、更新残疾人信息的工作量，使残联组织可以将更多的时间和资源用在为残疾人提供服务上。同时，“量服”平台开设了残疾人自助业务办理，大大降低了政府公共服务成本，提高公共财政资金的使用效率。

二是大幅缩短响应时间。“量服”平台实现了残疾人和残联组织、社会组织之间的信息同步更新，实现供需“快速对接与匹配”，使残联组织可以快速响应残疾人需求。

三是实现供给总量和质量同步提升。“量服”平台通过向专业化的社会助残机构开放，极大地扩展了公共服务的供给资源和供给质量。同时，

---

① Choi H, Varian H. Predicting the present with Google Trends [J]. Economic Record, 2012, 88: 2-9.

残疾人满意度评价及其结果公开，倒逼残联组织和社会助残机构提升服务质量。

5.5.3 服务更加精准

一是服务标准化。标准化为公共服务的提供贡献治理价值。标准化是一个制度化过程，也是一个社会治理过程[①]，只有在宏观层面实现公共服务标准化，才能在不同领域、不同群体间的公共服务提供中实现广泛性和普遍性[②]。依托“量服”平台支撑的残疾人事业治理是一个标准化的过程，实现了需求采集标准化、实施方案标准化、人员标准化、服务流程标准化、绩效评估标准化等。

二是服务均等化。依据平台数据的动态更新结果，政府部门可以更好地把握地区、城乡、群体差异，对困难地区和人群予以适度的资源倾斜，促进服务更加均等化。同时，依托数字化平台的技术支持，可以实现远程指导服务、帮助部分残疾人实现网上就业等，进一步促进了服务均等化。

三是服务精细化。基层残疾人工作者根据掌握的残疾人家庭情况，为每个残疾人及其家庭量身定做个性化帮扶方案，平台上记录了项目名称、责任主体、落实时间、投入资金数量、具体措施、服务效果等内容，实现了残疾人事业治理的需求满足、工作流程的精细化。此外，政府通过类别需求购买社会服务，或者一些专业化机构在政府规划的范围内为残疾人提供专业化服务，还提升了残疾人公共服务供给的专业化和针对性。

5.5.4 合作更加开放

合作能够最大程度地实现残疾人公共服务供给的“物有所值”“物超所值”，增进包括服务效率、服务质量、服务公平在内的公共服务社会总效益。“量服”平台既为政府、残联、社会组织等各类主体的产品或服务供给提供

---

① 郁建兴，秦上人．论基本公共服务的标准化［J］．中国行政管理，2015（4）：47－51.

② 刘银喜，赵子昕，赵淼．标准化、均等化、精细化：公共服务整体性模式及运行机理［J］．中国行政管理，2019（8）：134－138.

决策支撑，也是各类主体以信息化手段实现产品或服务高效高质供给的合作平台。此外，向社会大众传递残疾人生存与发展状况信息也是平台供给“思想”的一部分。

第一，为政府有关部门提供合作决策支撑。残疾人事业政策体系涉及多个部门，各个部门不可能针对残疾人单独开展数据收集和监测，导致政策可能对残疾人的特殊性欠缺考虑。利用“量服”平台，残联组织将残疾人需求和公共服务供给资源等相对分散的信息聚合为公共话语体系，向政府部门传递群体需求信息。如此，政府部门可以事先考虑残疾人的特殊性，制定有据可循的决策并提供有针对性的公共服务①。

第二，助力残联及其基层工作者实现合作施策。依托平台，基层残疾人工作者在与残疾人充分沟通的基础上，结合残疾人身体、智力状况，以及爱好特长和家庭的具体情况，制订“一人一策”的个性化服务方案，录入平台，由相关部门和机构进行审核并提供服务。

第三，协调社会组织合作提供公共服务。残联及其他部门在掌握残疾人精准需求的情况下，通过平台向专业化助残机构购买服务，提高残疾人公共服务供给的专业性和服务质量。同时，社会组织可以通过特定的平台入口收集残疾人需求和能力情况，自发、规范地为残疾人提供精准专业服务。

第四，向社会公众传递残疾人状况信息，提高全社会合作助残意愿。平台有助于更加全面、客观地收集与残疾有关的数据和信息，加强相关部门和机构对残疾人的研究，让社会各界了解残疾人面临的现实困境和自我发展的迫切需求，增进公众对残疾人的理解与关爱，推动社会各界更加积极、主动地支持残疾人事业。

---

① 例如，住建部门在了解残疾人家庭无障碍改造需求的基础上，开展家庭无障碍环境改造项目；教育部门在了解残疾儿童受教育状况及需求的基础上，进一步完善地区特殊教育或者融合教育的基础设施；财政部门通过对地区残疾人需求及生存状况的全面了解，制定相应的财政支持政策。

5.6 小 结

自20世纪80年代以来，以开放、共享、自由为特征的数字技术[①]显示出巨大的影响力和构建力，关系和行为的再造呼唤着全新的治理模式。在新治理模式中，“数字化+平台化”是当代政府公共服务治理的中心——数字化平台不仅在提升公共服务治理效率方面发挥着越来越重要的作用，更是占据了公共服务治理变迁的中心。

当前，世界各国政府都在积极运用数字化平台，探寻新的公共服务改革之路。数字化平台驱动公共服务治理的进程在不同的制度背景下展开，形成了公共服务治理模式多元化的格局。作为世界上最大的社会主义国家，数字化转型背景下我国数字化平台赋能公共服务治理变革的进程和模式，是世界公共服务治理领域重要的实践样本和理论来源，值得总结和深入探讨。

本章以四川省“量服”平台促进残疾人事业治理现代化这一创新实践为基础，深入考察数字化平台与公共服务治理之间的互动，提炼出数字化平台主要从赋能和创新两个方面驱动公共服务治理变革。赋能方面，数字化平台通过嵌入公共服务治理的需求管理、供给决策、服务管理和绩效评价等环节并使之成为闭环，促进公共服务决策科学化、供给高效化、服务精准化。同时，数字化平台嵌入公共服务治理的过程逐渐引致了公共服务模式变革，即新模式、新技术引发价值创新，具体表现为：数字化平台扩展了公共服务协同治理的主体构成和参与效率，重塑了公共服务多元主体之间的关系，推动了公共部门职能转变。价值创新，即公共服务模式的深刻变革，是数字化平台持续赋能公共服务治理的内在动力。

当然，现阶段我国运用数字化平台促进公共服务治理变革仍面临很多

---

① 孙伟平，赵宝军. 信息社会的核心价值理念与信息社会的建构 [J]. 哲学研究，2016(9)：120-126.

制约和挑战，主要包括数据开放共享机制不健全、数据治理水平和质量不高、法律保障和人才队伍不足等。这些因素的存在，阻碍了公共服务变革进程中技术红利和模式优势的完全释放。同时，随着数字化平台的发展及其在公共服务领域的深度嵌入，数字化平台驱动公共服务治理变革必将出现新路径、新内容、新价值。

6 不止技术：技术—组织—制度耦合与公共服务治理现代化

6.1 引 言

当前，我国公共服务治理处于两个时代背景下，一是以互联网、大数据、人工智能、云计算、区块链等为代表的新一代数字技术快速兴起和普及，且与平台模式相互融合，逐步渗透政务服务、交通、医疗、教育、公共安全等诸多领域。新技术和新模式的发展不仅推动着公共服务和公共管理领域的变革，甚至成为公共管理改革的中心①。二是进入 21 世纪后，各国政府都在积极探寻运用信息技术驱动公共服务治理的新路径，公共服务变革体现出强烈的国家色彩。例如，英国政府推行的整体性治理模式（holistic governance），荷兰与德国等一些欧洲国家的网络治理模式（governing by network），美国实践了新公共服务理论（new public service），一些中东欧国家推行了新韦伯国家改革（neo - Weberian state）②。即便现阶段西方国家兴起了数字时代治理（digital era governance）范式，主张重新整合、整体主义和数字化变革③，在不同国家的公共服务改革进程中也必将呈现

① 翁士洪．数字时代治理理论——西方政府治理的新回应及其启示［J］．经济社会体制比较，2019（4）：138 - 147.

② 孙珠峰，胡伟．后新公共管理改革的起因研究［J］．学术探索，2015（1）：7 - 17.

③ Dunleavy P, Margetts H, Bastow S, Tinkler J. Digital Era Governance: It Corporations, the State, and E - Government［M］. Oxford, UK: Oxford University Press, 2006: 228 - 237.

出不同样式。2020年新冠疫情在全球肆虐，疫情以及疫情防控加快了新一代数字技术在公共服务领域的应用，健康码、在线问诊等的快速普及就是典型例证。各国的抗疫表现也体现出强烈的国家色彩，凸显出不同制度、文化、组织等非技术因素对治理的重要性。

大部分文献以公共服务治理中数字技术的广泛应用为背景，讨论新一代数字技术的特征及其运用对公共服务治理的影响，部分研究甚至将技术当成解释公共政策的关键因素①，形成一种“技术—治理”的实践逻辑。这种“技术—治理”的逻辑被认为是科层体系内符合工具理性的最优选择，并且日趋成为一种具有普遍影响力的观念制度②。随着技术赋能公共服务治理创新实践的广泛应用，“技术—治理”逻辑下的政策实践逐渐暴露出治理转型瓶颈。有研究指出，过去20年世界各国和地区的政府在使用信息技术提高政府服务水平方面进行的大量投资并未达到预期的效果。不管是传统的互联网和信息通信技术，还是大数据、云计算等新一代数字技术，其赋能政府服务的实践仍然较少，政府转型也没有预期中的那么快速和深刻③。这是因为，数字技术是提升公共服务治理效能的必要条件，但不是充分条件。如果政府官员和工作人员没有动力利用技术造福大众，如果没有合理的组织结构、高度的制度信任，技术赋能公共服务治理的效益将是有限的，甚至可能形成公共服务治理格局中的“技术控制”④。

有两类文献分别关注到政府治理转型过程中技术进步与制度变革、技术变革与组织结构的关系。这些文献达成以下共识：技术的进步和应用无

---

① Mueller M L. Ruling the root：Internet Governance and the Taming of Cyberspace ［M］. Cambridge, MA.：MIT Press, 2002.

② 黄晓春，嵇欣．技术治理的极限及其超越［J］．社会科学，2016（11）：72 – 79.

③ Misuraca G, Broster D, Centeno C, et al. Envisioning digital europe 2030：Scenarios for ICT in future governance and policy modelling ［R］. JRC Scientific and Technical Reports, https：//warwick. ac. uk/fac/soc/pais/research/resea – rchcentres/csgr/green/foresight/scienceinnovation/2010_ecjrc_envisioning_digital_europe_2030. pdf.

④ 指技术拥有者获得新的资源与权力，放大精英群体的声音，导致政策的绑架。参见：关婷，薛澜，赵静．技术赋能的治理创新：基于中国环境领域的实践案例［J］．中国行政管理，2019（4）：60 – 67.

法取代制度和体制的革新[①]，有关治理的思维始终应以制度为中心[②]；以“共享、开放、协同、扁平”为特征的大数据治理不能取代稳定却显僵化、严谨却显低效的科层体系，信息技术提升了科层组织的能力，却也受到科层制的规定和制约，两者是共生融合的关系[③]。这些文献几乎都是基于逻辑演绎的定性研究，得到的结论有待实践案例的验证，此外，在考察信息技术驱动治理现代化的研究中，应当将技术、制度、组织三者置于同一个框架中。

本书的两个案例显示出，数字化平台驱动公共服务治理现代化的过程离不开制度创新和组织执行，同时对制度完善和组织建设提出了新的要求。因此，本书提出，技术赋能公共服务治理的过程，不仅是技术嵌入的过程，更是技术与制度、组织动态耦合的过程（见图6-1）。通过将制度、组织等非技术因素纳入技术驱动公共服务治理现代化的研究框架，本书侧重于从技术与非技术因素的互动关系来解释我国信息技术驱动公共服务治理变革的路径。

本书采用CPO（causal-process observation）案例分析方法，通过对四川省残疾人事业治理事件的过程分析，构建技术—组织—制度耦合的分析框架，揭示非技术因素与技术因素的相互耦合是技术驱动公共服务治理现代化的发生和延续的原因。本书使用的所有数据和资料来源于实地观察、深度访谈和公开发布的网页资料。

---

① 黄晓春，嵇欣．技术治理的极限及其超越［J］．社会科学，2016（11）：72-79；张丙宣．政府的技术治理逻辑［J］．自然辩证法通讯，2018，40（5）：95-102；韩志明．技术治理的四重幻象——城市治理中的信息技术及其反思［J］．探索与争鸣，2019（6）：48-58；沈费伟．技术嵌入与制度吸纳：提高政府技术治理绩效的运作逻辑［J］．自然辩证法通讯，2021，43（2）：80-86.

② 韩志明．技术治理的四重幻象——城市治理中的信息技术及其反思［J］．探索与争鸣，2019（6）：48-58.

③ 庞明礼，王晓曼，于珂．大数据背景下科层运作失效了吗？［J］．电子政务，2020（1）：65-75；吴晓林．技术赋能与科层规制——技术治理中的政治逻辑［J］．广西师范大学学报（哲学社会科学版），2020，56（2）：73-81；薛金刚，庞明礼．“互联网+”时代的大数据治理与官僚制治理：取代、竞争还是融合？——基于嵌入性的分析框架［J］．电子政务，2020（4）：81-90.

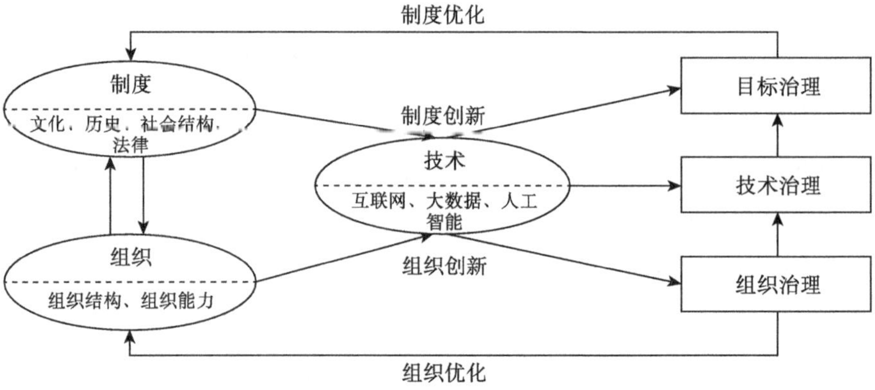

图 6－1　技术赋能治理现代化的基本框架

6.2　研究方法概述

本章采用 CPO（causal－process observation）方法展开分析。这种案例研究方法，将案例视为一个自足的个案，并不将其与其他案例归为一类进行比较，而是关注一个单案例内部的所有重要特征和事实。这些独有的特征和事实，揭示了这个案例内部的因果机制（causal mechanism）起作用所必需的因素（条件），被称为因果过程观测（causal－process observation）①。这种案例研究，不依赖案例间的可比性，本质上遵循的是质性思维，主要依赖案例内分析（within－case analysis），聚焦于连接原因和结果的机制（mechanisms linking cause and effect）。

在具体分析的时候，CPO 通过聚焦案例的细节来实现对因果关系的新解释，但为了避免陷入细节困境而无法找到真正重要的影响因素，秉持 CPO 传统的学者认为，研究者应当像侦探一样去关注那些诊断性的证据（diagnostic evidence），把这些证据作为寻找因果关系的关键。而寻找这些诊断性证据的关键则在于已有的“先验性知识”（prior knowledge），这种

① Mahoney J. The Logic of Process Tracing Tests in the Social Sciences［J］. Sociological Methods & Research, 2014, 41（4）: 570－597.

“先验性知识”既包括了已有的理论，也包括了生活中的常识[①]。在先验性知识的指引下，研究者可以依据诊断性证据再现整个的因果过程。于是，遵循 CPO 传统的案例研究，其在研究过程中不仅能利用因果过程观测与旧有理论形成理论对话，其研究结果所揭示的因果机制还能作为理论构建（theory building）的基础，从而使知识的纵深积累成为可能。

由于 CPO 的案例研究更侧重于案例内部本身的因果过程，其案例内的信息具有高度的情境性，对信息的抽象会损失案例的信息，因此 CPO 在写作结构上侧重于对于案例的深描与还原，也就不需要通过已有理论来演绎分析框架，因为任何结构性的框架都会构成对案例深描的束缚，反而不利于结论的理论提升[②]。

本章选取四川“量服”作为切入口，重点考察四川省残联推动残疾人事业治理现代化的过程。在简要描述“量服”建设与发展相关事实的同时，对其运营得以成功的内在机理展开分析，最后归纳出“量服”推动残疾人事业治理现代化过程中技术、组织和制度的耦合机制。

6.3 技术赋能与公共服务治理现代化：事件史描述

本章选取的案例来自四川省残联的改革实践。与前文相比，本章对四川省残疾人事业治理现代化进行更为详尽的描述。

6.3.1 案例描述

2003 年，成都市残联实施“111”工程，为全市残疾人免费配发 100 台轮椅、100 台助听器和 100 根盲杖。但指标下达后，却找不到、联系不上残疾人，更不知道残疾人的需求，导致有 70 多万残疾人的成都市竟然无

① Collier D. Understanding Process Tracing [J]. Political Science and Politics, 2011, 44 (4): 823 - 830.

② 蒙克，李朔严．公共管理研究中的案例方法：一个误区和两种传承［J］．中国行政管理，2019（9）：89 - 94.

法将300件辅助器具发放下去[①]。面对这样的挑战，成都市残联以残疾人需求为导向，提出了“量服”模式。经过两年探索，成都市残联联合相关部门陆续发布了《关于为残疾人提供“量体裁衣”式个性化服务的意见》《关于规范基层残疾人工作组织结构建设的意见》《关于利用残疾人就业保障金为残疾人提供公益岗位完善基层残联组织建设的实施意见》等文件，奠定了“量服”模式的制度基础。

2011年，“量服”模式在四川省全面推行。《关于在全省深入开展为残疾人提供“量体裁衣”式个性化服务的实施方案》《省残联关于深化改革推进“量体裁衣”式残疾人服务健全残疾人“两个体系”的实施方案》等文件，构建了以残疾人社会保障体系和服务体系建设为主线，以精准需求、精准施策、精准监督、精准管理为核心的“量服”模式。

2015年，四川省开展“智慧量服”工作，运用互联网思维打造“量服”升级版，实现用智能手机终端采集信息、用云平台储存数据，“量服”模式进入2.0版本。将每个残疾人的具体情况和需求情况、每个残疾人得到的各种保障、各级各部门提供的各项服务情况实时、动态录入“量服”平台，极大地推动了残疾人事业治理的现代化进程。2016—2017年，“量服”平台不断完善，相继推行“机构量服”和“开放量服”，通过向残疾人和社会助残机构开放，“量服”平台从残联内部管理平台转型为多主体参与的服务型平台，极大地调动了多元力量参与残疾人事业发展。

2017年，“量服”进入全面深化阶段，形成了“量服5335”战略，具体内容为：自2016年起，5年时间全面提升“量服”的精准需求、精准服务、精准监督和精准管理4个基础内容；3年时间全面普及以云计算和智能手机对“量服”进行技术改造和升级的成果；3年时间将“量服”的理念、方法和要求，横向覆盖每一个为残疾人服务的专业机构；5年时间“量服”平台全面向广大残疾人开放，并逐步向社会和市场开放。

2018年，四川省残联完成《2018年深化“量体裁衣”式残疾人服务

---

① 资料来源：四川省残联。

“1 + 11” 方案》（以下简称《方案》）的制定，标志着深化“量服 5335”战略的顶层设计定型，“量服”从制度设计阶段进入全面提升质量的新阶段。《方案》包括 2018 年深化“量服”的 1 个总方案，即《2018 年深化“量服 5335”战略实施方案》；11 个子方案，即《深化“量服”精准监督实施方案》《深化“量服”精准分析转化实施方案》《深化“量服”精准资金管理实施方案》《深化“量服”精准设施管理实施方案》《深化“量服”精准绩效管理实施方案》等。

在习近平新时代中国特色社会主义思想和习近平总书记关于残疾人事业重要论述的指导下，四川省残联准确把握新时代残疾人事业发展历史方位，依托《方案》，持续深化优化“量体裁衣”式残疾人服务。根据四川省“量服”平台统计结果，2020 年全省各级残联共为 280.5 万名残疾人提供了 657.2 万项次的个性化服务，服务覆盖率达 99.6%。

概而论之，四川省残疾人事业治理现代化经历了三个阶段：第一，确立新的治理目标、建立制度框架、完善组织建设；第二，引入新的治理手段和工具——数字化平台，提升治理效能；第三，持续优化制度设计和组织架构，提升治理水平和治理效能。

6.3.2 初步讨论

在“量服”平台的支撑下，四川省残疾人事业治理迈上了现代化征程，经过 10 余年的探索和完善，四川省残疾人事业取得了长足进步。“量服”平台的产生、运行与优化过程，正是技术、组织和制度有序耦合的过程，具体表现在以下三个方面。

第一，技术赋能残疾人事业治理发轫于制度创新。公共服务治理的技术输入有两种路径，一种是有了问题找技术，另一种是有了技术找问题，前者是从公共服务的内部需求出发选择技术，是内发的主动选择，后者是从外部的技术发展考量公共服务，是被动的适应。技术从外部侵入公共服务是危机，从内部生发则是契机。技术从内部发生要求公共服务治理的主体首先认识到治理的问题，确立治理的目标，并且这一目标是合法的。所谓治理目标的合法性，是指治理以增进公共治理所处的制度（文化、历史、法律、社会结构等）所认同的公共利益为目标。其次，在完成新的治理目标的过程中，往往需要破解原有体制机制的障碍。本书将这种目标更新和体制机制改革统称为制度创新。因此，技术从内部发生赋能公共服务治理离不开制度认同和制度创新。

"量服"模式源起于对残疾人需求问题的自觉意识和残疾人工作的创新性探索，在此之后，"量服"平台嵌入"量服"模式，是在坚持以满足残疾人需求为价值取向的基础上，为更高效地实现"量服"模式的主动选择。可见，技术赋能残疾人事业治理具有合法性，与制度创新具有一致目标性。

第二，技术赋能残疾人事业治理依托科层组织而运行。在技术赋能公共服务治理的过程中，具有合法性基础的制度选择目标、作出决策，技术是实现目标、优化决策的手段，公共产品和服务的生产、提供、交易则需要组织执行。在工业社会，等级森严、较为封闭的权力结构体系——科层制组织是社会生活的重要载体，公共服务的生产机制是基于科层运作产生的。尽管新公共管理学倡导"合作生产""共同生产"，科层政府不再是唯一的公共服务提供者，但并不否定公共服务的生产机制依然是基于科层运作产生的。随着信息社会的网络化，以开放、共享、协同为特征的互联网、大数据形成了一种全新的公共空间和信息扩散途径①，这种去中心化、去权威化的网络化组织方式似乎要终结传统的科层治理。尽管信息时代的网络化组织更加灵活、应变、弹性，它对于传统的科层制只具有挑战与变革的意义，不具备完全替代的意义，即使网络组织变得越来越重要，它们也会与正式的等级制组织并存②。

"量服"平台的运行充分体现了这一点，它背靠我国"横向到边、纵向到底"的残疾人组织网络而运行。四川省残联覆盖全省 21 个市（州）、

① 陈波，王浣尘．面向信息时代的政府治理［J］．行政论坛，2002（6）：20－21.

② 弗朗西斯·福山．大分裂：人类本性与社会秩序的重建［M］．刘榜离等，译．中国社会科学出版社，2002：258.

183个县（市、区）、4967个乡镇（街道）、59342个村（社区），其中，村（社区）专干直接联系残疾人，了解残疾人基本情况和需求情况并录入“量服”平台，结合有关项目与残疾人需求对接，制订“一人一策”服务方案，是残疾人事业治理的终端执行者。乡镇（街道）一级的残联干部指导下一级残疾人专干入户调研、录入信息等，并在乡镇（街道）一级协调残疾人相关事务。省、市（县）残联干部通过平台进行督查、分析和管理，发现问题并推动问题向督办、需求向政策、政策向项目、项目向服务转化。这一自上而下的、以权威驱动的科层制度体系是对政府官员进行激励与约束从而保证治理绩效的载体，即便在追求个性化、自由化、民主化的信息社会，这种正式的、真实的、稳定的组织结构仍旧是政府通过不断满足公民需求而增进其合法性的主要治理结构。

第三，技术赋能残疾人事业治理促进组织变革和制度优化。技术与制度、组织之间的影响不是单向的。技术赋能公共服务治理由制度感知和应用，由组织使用和执行，在这一过程中，网络信息技术以革新信息传播方式为核心引发组织结构的渐次变化，进而形成以技术赋能治理为核心的制度创新和组织优化，助力治理现代化。

四川省“量服”平台助力残疾人事业治理现代化的过程表明，新技术的运用使公共服务的治理从“封闭”走向“开放”，治理主体从“政府主导”走向“多元协作”，数字化平台创新扩展了政府决策的信息来源，也降低了非政府主体包括残疾人、社会大众、社会组织、企业等参与社会治理的信息门槛，使多元主体合作共治有了更多机会，政府在其中依然处于核心位置，但政府有更充分的理由和强劲的动力与其他治理主体建立合作关系并在多方之间发挥协调作用①。

新技术的运用也引发了传统的科层制的渐次变化。“量服”平台整合了政府横向部门、政府纵向部门、政府部门与社会之间的资源，在科层制

---

① 曲甜，张小劲．大数据社会治理创新的国外经验：前沿趋势、模式优化与困境挑战［J］．电子政务，2020（1）：92－102.

中嵌入了网络化组织，组织结构逐渐向扁平化方向发展。扁平化的组织实现对部门化、分散化的管理服务资源进行及时、有效的整合，使公共服务治理过程中的资源和权责向一线执行主体的下移不再仅是科层体系内的自上而下分权，而是依托在政府内部和政府与社会之间的资源和权责向社区等服务终端的下沉①，并解决了科层制向下的碎片化结构特征导致的资源分散化、服务碎片化、项目重复性多头申报、管理监督不足等问题。

技术赋能治理需要以制度优化为保障。在“量服”平台由“智慧量服”向“机构量服”“开放量服”升级的同时，“量服”顶层战略的设计逐渐完善，两者同步推进，推动残疾人事业治理现代化。两者动态耦合的过程，实现了残疾人事业治理制度的动态优化——管理型政府正在向服务型政府全面转变。但是，仍然需要警惕的是，技术赋能治理是一把双刃剑，技术异化的情况随处可见，制度设置尤其是法律制度的暂时缺位，往往使正义的诉求陷入诸多矛盾悖论之中②，如大数据时代备受关注的数据隐私、数字鸿沟、数据归属权、数据控制、数据污染等方面的问题，制度优化是技术被理性使用的保障。“量服”模式在这方面需要进一步地探索，确定数据归属权，加强数据安全管理。

6.4 公共服务治理现代化：技术—组织—制度的动态耦合

从四川省残疾人事业治理现代化的事件史描述过程中，本书抽象出以数字化平台作为集成载体的数字技术促进公共服务治理现代化的框架：技术—组织—制度的动态耦合过程。三者的动态耦合过程具体体现在以下三个方面。

---

① 张毅，马冉，赵阳，等．科层制嵌入视角下的跨部门合作与服务下沉：基于案例的比较研究［J］．中国行政管理，2018（12）：47－52.

② 胡键．公共管理伦理变迁：从传统社会到大数据时代［J］．中国行政管理，2019（6）：75－81.

6.4.1 技术赋能公共服务治理以增进制度的合法性为前提

克拉克和纽曼认为，“我们之所以谈论管理国家，是因为我们希望将管理主义定位为一种文化形态以及一套独特的意识形态和实践”①。从这个角度讲，价值观、意识形态、理念、文化等都属于管理（治理）的范围，它们所形成的即是社会制度。制度不但是关于治理“后果的逻辑”，而且是关于治理“适当性的逻辑”②，制度导致行为的适宜、地位的合法以及在某些场合对程序、仪式、符合和修辞的遵从③。促进公共利益的增长是公共管理/治理的功能，也是政府合法性最重要的来源，管理者（治理者）只有通过不断满足公民的需求才能增进其合法性④。因此，管理者（治理者）必须时时处处坚持道德化的价值取向，维护公共利益，以公共利益为价值取向，并将这种价值观念贯彻在公共管理的日常实践中。在我国，这一价值取向体现为不断满足人民日益增长的美好生活需要。技术的变量被纳入公共服务治理，必须以增进公共利益为前提，如果技术不是为了这样的本意而融入公共服务治理的实践中，那么不是技术异化就是公共服务治理实践的异化。

6.4.2 技术赋能公共服务治理依附于制度和组织而被执行

技术被分为客观的技术和被执行的技术，客观的技术包括互联网、数字技术、人工智能等，被执行的技术则指用户对技术的理解及技术在特殊

---

① Clarke J, Newman J. The Managerial State: power, politics and ideology in the remaking of social welfare [M]. London: Sage, 1997.

② Bouckaert G. Governance: a typology and some challenges [A]; Massey A, Johnston K. The international handbook of public administration and governance [M]. Cheltenham, UK: Edward Elgar Publishing, 2015: 35 - 55.

③ Meyer J W, Rowan B. Institutionalized Organizations: Formal Structure as Myth and Ceremony [J]. American Journal of Sociology, 1977, 83 (2): 340 - 363.

④ 靳永翥. 公共服务提供机制：以欠发达农村地区为研究对象 [M]. 北京：社会科学文献出版社，2009：63.

情境中的设计和使用[①]。赋能公共服务治理的技术，指的是被执行的技术，并在制度和组织的干预下被执行。一方面，制度决定治理的目标，组织是公共服务治理的执行者，技术为提升公共服务治理能力提供解决方案，解决公共服务治理中存在的供需匹配问题、委托—代理问题、集体行动问题。另一方面，组织在制度的要求和规范下选择技术是否以及如何嵌入公共服务治理，组织的形态和能力也决定了技术嵌入公共服务后的治理效能。也就是说，公共服务治理效能的提升是制度、组织和技术耦合的一致性目标。

6.4.3 技术与制度、组织的耦合进一步促进组织和制度变迁

技术，特别是信息技术的快速发展，深刻地改变着人类的生产、生活方式，社会逐渐形成了与工业化时代不同的思维方式和组织方式。网络组织安排，在信息技术的推动下成为与市场、等级制度相提并论的一种组织形式，这种网络化、扁平化、虚拟化的组织形式促进了政治权力由管理（治理）主体向治理客体转移、由中心化向分散化发展、由上层向下层转移[②]，从而催生新的管理（治理）理念和新的管理（治理）体系。信息技术与传统政府机构的“联姻”，一方面掀起了新的公共管理范式，将社会公众视为政府的“顾客”，“顾客满意”成为公共服务的价值取向，驱动政府角色由管理者向服务者转型；另一方面，信息技术通过对信息处理和信息流动的网络化构造，引发公共服务治理在形式与能力方面的重大改进和创新，甚至引发传统政府组织纵向和横向的组织变革。此外，技术的运用也会催生新的治理难题，如大数据等数字技术广泛使用所带来的数据治理难题，则需要制度特别是法律制度的优化，以保障技术被理性地使用。

从技术—制度—组织耦合促进公共服务治理现代化的过程可以看出，

---

① 吴旭红，何瑞．超越“虚拟的美丽”：技术与制度互构的理论阐释［J］．北方民族大学学报（哲学社会科学版），2018（2）：141－148.

② 刘祖云．超越“虚拟的美丽”——“虚拟政府”引论［J］．社会科学研究，2010（4）：50－56.

目标治理、技术治理和组织治理是实现技术—制度—组织的动态耦合的三个治理载体。其中，目标治理是指确立公共服务治理现代化的目标，它是技术赋能公共服务治理现代化的第一步。治理目标以增进制度的合法性为前提，与当下的技术条件及技术应用的场景要相适应。技术治理是指运用信息技术实现治理目标，同时在技术—制度—组织耦合的过程中，进一步完善和提升公共服务的治理目标。组织治理是指匹配以技术的执行者，同时执行者要去实现技术无法达到的地方，如在技术中处于弱势地位的公民和个体。

6.5　小　结

互联网、大数据等新一代数字技术在公共服务领域的应用，优化了公共服务事业的治理路径，提升了公共服务事业的治理效能，推动了我国公共服务事业的现代化。但是，也不能片面夸大技术赋能治理在促进国家治理现代化中的作用，数字技术终究还是技术，具有工具的性质。技术能否推动实现公共服务治理现代化，取决于技术与制度、组织的动态耦合。

本章以“量服”平台促进四川省残疾人事业治理现代化的实践为案例，构建了“技术—制度—组织”的动态耦合框架，提出“技术—制度—组织”的动态耦合是技术赋能公共服务治理、实现治理现代化的本质内容。具体地，技术赋能公共服务治理往往发轫于制度的自觉创新；技术赋能公共服务治理依附于自上而下的权威驱动的科层组织而被执行。在这一过程中，信息技术发展促成的网络组织与科层组织的“联姻”可能引发科层组织的渐次变化，进而形成以技术赋能治理为核心的新型治理体系，助力治理现代化。技术赋能与正义诉求的冲突，将进一步推动制度的优化。

7 总结与展望

7.1 主要结论

在数字化转型背景下，数字化公共服务平台既是数字中国特别是数字政府建设的重要内容，也是推进政府治理和社会治理现代化的关键支撑和核心途径。本书采用案例分析方法，通过对“政采云”和“量服”两个平台的创新实践进行深度剖析，系统探讨数字化平台促进公共服务治理现代化中的三个问题：一是相比于商业性平台，数字化公共服务平台应当如何建设和运营？二是数字化平台如何驱动公共服务治理变革？三是数字化平台是否必然促进公共服务治理现代化？为此，本书构建了数字化公共服务平台建设与运营的最优选择、数字化平台驱动公共服务治理变革的机制与路径、技术赋能公共服务治理现代化的局限性与破解路径三个分析框架，并得到以下主要结论。

第一，在资源和制度双重约束下，“政府主导+市场建设运营”是建设与运营数字化公共服务平台的最佳模式。依托这种模式，政府部门或者公共服务供给者可以获得成本节省、效率提升、节能减排、组织优化等多重收益。特别地，与过去合作建设孤立的信息化系统项目不同，在该模式下，政企合作的产出是数字技术与平台模式融合而成的数字化平台。数字化公共服务平台同时带来了新技术和新模式，因而可以为公共服务提质增效提供更多的途径和支持。当然，新技术和新模式的引入既会打破原有的一些制度约束，也会凸显新的制度困境，这就需要同步推进体制机制改革和政策体系创新。

第二，数字化平台主要从赋能和创新两个方面驱动公共服务治理变革。赋能方面，数字化平台通过嵌入公共服务治理的需求管理、供给决策、服务管理和绩效评价等环节并使之成为闭环，促进公共服务决策科学化、供给高效化、服务精准化。同时，数字化平台嵌入公共服务治理的过程逐渐引致了公共服务模式变革，即技术引发的价值创新，具体表现为：数字化平台扩展了公共服务协同治理的主体构成和参与效率，重塑了公共服务多元主体之间的关系，推动了公共部门职能转变。价值创新，即公共服务模式的深刻变革，是数字化平台持续赋能公共服务治理的内在动力。

第三，数字化平台并不必然促进公共服务治理现代化，组织和制度适应性调整是必不可少的补充。技术赋能公共服务治理的过程，不仅是技术嵌入的过程，更是技术与制度、组织动态耦合的过程。技术赋能公共服务治理往往发轫于制度自觉创新；技术赋能公共服务治理依附于自上而下的权威驱动的科层组织而被执行。在这一过程中，信息技术发展促成的网络组织与科层组织的“联姻”可能引发科层组织的渐次变化，进而形成以技术赋能治理为核心的新型治理体系，助力治理现代化。技术赋能与正义诉求的冲突将进一步推动制度的优化。

7.2 可能的创新

数字技术及其在公共服务领域的应用，是学术界关注的焦点问题。与已有研究相比，本书的潜在贡献在于：

一是研究视角。大部分文献从数字技术的特征出发，考察数字技术和平台对公共服务治理现代化的影响。与此不同，本书侧重于从数字化平台这一整体入手，考察其促进公共服务治理现代化的相关问题，特别是系统剖析数字化公共服务平台的本质、特征、构建与运行机制。与商业性平台相比，数字化公共服务平台既有相同之处，也必然有不同属性。本书以

“政采云”为例，探讨了数字化公共服务平台的构建机制与运行逻辑，以及由于公益服务与商业服务的性质不同所带来的矛盾与冲突，即数字化公共服务平台在发展中面临的制度约束和现实困境。另外，本书注意到，数字化转型加快推进背景下，公共服务治理变革呈现出混杂的多元模式，具有强烈的国家色彩。从这个角度出发，本书提出数字化平台促进公共服务治理现代化必须是“技术—制度—组织”三者动态耦合的过程。技术赋能治理现代化的实现，不能脱离我国“满足人民美好生活需要”的价值导向、自上而下的以权威驱动的科层体系。

二是研究内容。本书尝试着探讨数字化平台促进公共服务治理现代化的总体逻辑。在新技术和新模式的支撑下，我国公共服务治理进入新的转型阶段，围绕治理转型的不同领域已经形成了许多研究成果。但总体而言，既有研究虽在一些具体、精致的层次做了不少工作，但鲜有透过复杂现象来探究治理转型总体逻辑和制度精神的尝试。在知识积累上，这突出表现为两点：一是治理转型各领域的知识处于相互分割的碎片化状态；二是对于改革难题和挑战的认识往往局限于具体领域。其结果是，对于该领域的知识积累在精细化的同时却缺乏总体性的提炼，在资料和数据丰富的同时却缺乏对变迁特质的深入解读，这导致治理转型丰富经验的总体构成日趋成为“黑箱”。正是在这个意义上，富有洞见的研究呼吁重塑一种总体性的研究视角，对复杂转型现象中那些更为本质的制度逻辑展开深入分析①。本书构建了数字化平台促进公共服务治理现代化的三个分析框架，每一个框架都尝试从系统视角来探讨内在的整体逻辑，以便形成对相关问题的全面思考。具体地，“数字化公共服务平台建设与运营的最优选择”框架探讨多重特殊性约束下数字化公共服务平台的建设和运营机制选择，认为“政府主导+市场建设运营”是现有约束下的最佳选择；“数字化平台驱动公共服务治理变革的机制与路径”框架提炼出数字化平台促进公共服务治理变革的两大核心，即赋能与创新；“技术赋能公共服务治理现代

① 黄晓春，嵇欣．技术治理的极限及其超越［J］．社会科学，2016（11）：72－79.

化的局限性与破解路径”框架关注治理变革过程中各因素的互动，提出“技术—制度—组织”动态耦合是数字化平台发挥作用的基石。

三是研究发现。大量有关数字技术、数字化与政府治理转型的已有研究均提出，不能片面夸大技术赋能创新在促进国家治理现代化中的作用[①]，技术赋能治理创新的实践和研究必须考察技术所根植的组织和制度条件。本书构建了“技术—制度—组织”动态耦合的框架，分析了三者实现动态耦合的机制及其载体。技术赋能公共服务治理以增进制度的合法性为前提，技术赋能公共服务治理依附于制度和组织而被执行，技术与制度、组织的耦合进一步促进组织和制度变迁。最后，目标治理、技术治理和组织治理是实现“技术—制度—组织”动态耦合的三个关键载体。

7.3 研究展望

囿于时间和精力，本书在理论剖析和实证分析上必然存在许多问题与不足，还有诸多方面有待深入研究。

一是构建能够系统刻画数字化公共服务平台的理论模型，进一步探讨技术、制度与组织在公共服务治理现代化过程中的互动关系。数字化公共服务平台仍然处于不断发展的过程中，有很多问题有待解决，且公共服务的多样性、社会需求的多变性使这些问题更加复杂。如何在技术和模式不断渗透的过程中，做好组织和制度的调整，确保数字化平台能够持续赋能公共服务治理，是值得深入探究的理论问题，也是亟待解决的现实问题。以双边市场理论为基础，结合公共管理相关理论和有代表性的案例，持续推进对这一问题的数理分析，以提炼出更具有前瞻性和指导性的观点或思路，或是下一步深入研究的方向和内容之一。

二是搜集更多的数字化公共服务平台实践案例和数据，进一步强化对

① 关婷，薛澜，赵静．技术赋能的治理创新：基于中国环境领域的实践案例［J］．中国行政管理，2019（4）：58－65．

数字化平台与公共服务治理现代化之间关系的实证分析。本书初步建立了关于数字化平台促进公共服务治理现代化的分析框架，并提炼出了若干观点，但并未对其进行稳定性检验。因而只是未定之论，尚需进一步验证。具体地，在每个分析框架下，本书都只采用了单一案例。尽管单一案例研究有助于对案例细节进行深描以展现因果的作用机制，但多案例的比较研究能够增加结论的可信度。此外，本书案例研究的材料多来自实地观察、网络公开资料和平台经营者，可能存在限制性偏误。如果能够获取更多的数据资料并进行更加系统的实证分析，将极大地提升本书结论的可靠性和可信性，并为促进数字化公共服务平台规范发展、加快推进公共服务治理现代化提供更加坚实的智力支持。

参考文献

［1］包国宪，郎玫．治理、政府治理概念的演变与发展［J］．兰州大学学报（社会科学版），2009，37（2）：1－7．

［2］鲍静，范梓腾，贾开．数字政府治理形态研究：概念辨析与层次框架［J］．电子政务，2020（11）：2－13．

［3］鲍静，贾开．数字治理体系和治理能力现代化研究：原则、框架与要素［J］．政治学研究，2019（3）：23－32＋125－126．

［4］北京大学课题组．平台驱动的数字政府：能力、转型与现代化［J］．电子政务，2020（7）：2－30．

［5］采编部．浙江省政府采购如何迈入“云时代”？——浙江省财政厅总会计师赵立妙答记者问［J］．中国政府采购，2017（8）：13－17．

［6］蔡立辉．应用信息技术促进政府管理创新［J］．中国人民大学学报，2006（4）：144－151．

［7］陈波，王浣尘．面向信息时代的政府治理［J］．行政论坛，2002（6）：20－21．

［8］陈刚．运用大数据思维和手段提升政府治理能力［J］．大数据时代，2017（3）：10－11．

［9］陈红玲，张祥建，刘潇．平台经济前沿研究综述与未来展望［J］．云南财经大学学报，2019（5）：3－11．

［10］陈剑．从赋能到使能——数字化环境下的企业运营管理［J］．管理世界，2020，36（2）：117－128．

[11] 陈潭，王鹏. 大数据驱动公共卫生应急治理的智慧表征与实践图景 [J]. 电子政务，2021 (6)：85－99.

[12] 陈振明. 评西方的“新公共管理”范式 [J]. 中国社会科学，2000 (6)：73－82＋207.

[13] 陈振明. 政府工具研究与政府管理方式改进——论作为公共管理学新分支的政府工具研究的兴起、主题和意义 [J]. 中国行政管理，2004 (6)：43－48.

[14] 崔旭川，张诚. “两馆”上线：打造政采政策功能落地新平台 [N]. 台州日报，2019－09－16 (008)。

[15] 戴长征，鲍静. 数字政府治理——基于社会形态演变进程的考察 [J]. 中国行政管理，2017 (9)：21－27.

[16] 邓念国. 公共服务如何实现精准化供给 [N]. 学习时报，2015－12－07 (005).

[17] 邓宁华. 四川省残疾人事业创新报告 [A].

[18] 郑功成，杨立雄. 中国残疾人事业研究报告 (2018) [M]. 北京：社会科学文献出版社，2018.

[19] 翟云. “十四五”时期中国电子政务的基本理论问题：技术变革、价值嬗变及发展逻辑 [J]. 电子政务，2021 (1)：67－80.

[20] 丁元竹. 平台型政府运行机制的设计思路 [J]. 中国浦东干部学院学报，2017，11 (2)：123－128.

[21] 董静，徐婉渔. 中国科技创新公共服务平台：演进历程与转型升维 [J]. 上海管理科学，2021，43 (3)：62－70.

[22] 杜超，赵雪娇. 基于“政府即平台”发展趋势的政府大数据平台建设 [J]. 中国行政管理，2018 (12)：146－148.

[23] 范如国. 公共管理研究基于大数据与社会计算的方法论革命 [J]. 中国社会科学，2018，273 (9)：75－92＋206.

[24] 弗朗西斯·福山. 大分裂：人类本性与社会秩序的重建 [M]. 刘榜离等，译. 中国社会科学出版社，2002.

［25］傅联英，骆品亮．双边市场的定性判断与定量识别：一个综述［J］．产业经济评论，2013，12（2）：1－18．

［26］关婷，薛澜，赵静．技术赋的治理创新：基于中国环境领域的实践案例［J］．中国行政管理，2019（4）：58－65．

［27］郭定方，杨慧芳，陈梁，等．“互联网＋政府采购”的浙江实践与思考［J］．财政科学，2019（7）：124－129．

［28］韩兆柱，翟文康．西方公共治理前沿理论述评［J］．甘肃行政学院学报，2016（4）：23－39＋126－127．

［29］韩振峰．新知新觉：全面把握人民日益增长的美好生活需要［N］．人民日报，2018－03－30（007）．

［30］韩志明．技术治理的四重幻象——城市治理中的信息技术及其反思［J］．探索与争鸣，2019（6）：48－58．

［31］贺正楚，潘红玉，吴艳．新一代信息技术产业的公共服务平台构建及服务功能分析［J］．中国科技论坛，2015（5）：35－41．

［32］胡键．大数据与公共管理变革［J］．行政论坛，2016，23（6）：6－12．

［33］胡键．公共管理伦理变迁：从传统社会到大数据时代［J］．中国行政管理，2019（6）：75－81．

［34］胡凌．从开放资源到基础服务：平台监管的新视角［J］．学术月刊，2019（2）：96－108．

［35］胡颖廉．西方公共管理理论新进展［N］．学习时报，2014－10－27（006）．

［36］胡志平．国家治理现代化的公共服务路径［J］．探索，2015（6）：87－92．

［37］黄璜．数字政府：政策、特征与概念［J］．治理研究，2020，36（3）：2＋6－15．

［38］黄晓春，嵇欣．技术治理的极限及其超越［J］．社会科学，2016（11）：72－79．

［39］黄毅，文军. 从“总体—支配型”到“技术—治理型”：地方政府社会治理创新的逻辑［J］. 新疆师范大学学报（哲学社会科学版），2014（2）：41－50.

［40］江必新. 关于多元共治的若干思考［J］. 社会治理，2019（3）：5－15.

［41］江小涓. 网络时代的政府与市场：边界重组与秩序重构［A］.

［42］吴敬琏主编. 比较［C］. 北京：中信出版社，2019（2）：1－17.

［43］姜爱华，马海涛. 迈上现代治理新台阶的中国政府采购制度——回顾与展望（上）［J］. 中国政府采购，2019（1）：18－26.

［44］姜爱华，马海涛. 迈上现代治理新台阶的中国政府采购制度——回顾与展望（下）［J］. 中国政府采购，2019（3）：39－43.

［45］姜雯昱，曹俊文. 以数字化促进公共文化服务精准化供给：实践、困境与对策［J］. 求实，2018（6）：48－61＋108－109.

［46］蒋敏娟. 地方数字政府建设模式比较——以广东、浙江、贵州三省为例［J］. 行政管理改革，2021（6）：51－60.

［47］靳永翥. 公共服务提供机制：以欠发达农村地区为研究对象［M］. 北京：社会科学文献出版社，2009.

［48］康晓强. 国家治理视野下群团组织转型的困境与出路——以改革开放40年来的中国共青团为例［J］. 中共中央党校学报，2018，22（3）：49－58.

［49］李辉，张志安. 基于平台的协作式治理：国家治理现代化转型的新格局［J］. 新闻与写作，2021（4）：13－19.

［50］梁木生. 略论“数字政府”运行的技术规制［J］. 中国行政管理，2001（6）：20－21.

［51］林贤. 大数据推进政府治理能力提升论析——以福州市政府的大数据实践为例［J］. 福建论坛（人文社会科学版），2018（7）：152－158.

［52］刘凤，傅利平，孙兆辉. 重心下移如何提升治理效能？——基于城市基层治理结构调适的多案例研究［J］. 公共管理学报，2019，16

(4)：24 – 35 + 169 – 170.

[53] 刘家明. 政府多边平台模式的动因：功能与实践价值 [J]. 广东行政学院学报，2019，31 (2)：5 – 11.

[54] 刘尚希，傅志华，王志刚，等. 疫情冲击下数字消费券的多重效应 [J]. 财政研究，2021 (4)：3 – 16.

[55] 刘晓洋. 大数据驱动公共服务供给的变革向度 [J]. 北京行政学院学报，2017 (4)：73 – 79.

[56] 刘银喜，赵子昕，赵淼. 标准化、均等化、精细化：公共服务整体性模式及运行机理 [J]. 中国行政管理，2019 (8)：134 – 138.

[57] 刘祖云. 超越"虚拟的美丽"——"虚拟政府"引论 [J]. 社会科学研究，2010 (4)：50 – 56.

[58] 卢洪友. 从建立现代财政制度入手推进国家治理体系和治理能力现代化 [J]. 地方财政研究，2014 (1)：6 – 11.

[59] 卢小平. 公共服务 O2O 平台建设研究 [J]. 中国特色社会主义研究，2017 (3)：50 – 56.

[60] 吕志奎. 通向包容性公共管理：西方合作治理研究述评 [J]. 公共行政评论，2017，10 (2)：156 – 177 + 197.

[61] 马亮. 中国农村的"互联网 + 政务服务"：现状、问题与前景 [J]. 电子政务，2018 (5)：74 – 84.

[62] 马名杰. 数字技术及创新推动公共服务领域改革的特征和趋势 [J]. 发展研究，2018 (1)：16 – 18.

[63] 蒙克，李朔严. 公共管理研究中的案例方法：一个误区和两种传承 [J]. 中国行政管理，2019 (9)：89 – 94.

[64] 孟天广，张小劲. 大数据驱动与政府治理能力提升——理论框架与模式创新 [J]. 北京航空航天大学学报（社会科学版），2018，31 (1)：18 – 25.

[65] 孟天广. 政府数字化转型的要素、机制与路径——兼论"技术赋能"与"技术赋权"的双向驱动 [J]. 治理研究，2021，37 (1)：2 + 5 – 14.

[66] 宁靓，赵立波，张卓群. 大数据驱动下的公共服务供需匹配研究——基于精准管理视角 [J]. 上海行政学院学报，2019 (5)：35 - 44.

[67] 欧阳康，黄丽芬. 体系构建与效能优化：加强制度建设推进国家治理现代化 [J]. 天津社会科学，2020 (1)：4 - 11.

[68] 潘祥辉. 去科层化：互联网在中国政治传播中的功能再考察 [J]. 浙江社会科学，2011 (1)：36 - 43.

[69] 庞明礼，王晓曼，于珂. 大数据背景下科层运作失效了吗？[J]. 电子政务，2020 (1)：65 - 75.

[70] 曲甜，张小劲. 大数据社会治理创新的国外经验：前沿趋势、模式优化与困境挑战 [J]. 电子政务，2020 (1)：92 - 102.

[71] 容志. 推动城市治理重心下移：历史逻辑、辩证关系与实施路径 [J]. 上海行政学院学报，2018 (4)：49 - 57.

[72] 芮明杰等. 平台经济：趋势与战略 [M]. 上海：上海财经大学出版社，2018.

[73] 上官莉娜，潘晨. 大数据驱动的公共服务供给模式变革：逻辑、类型与向度 [J]. 电子政务，2021 (3)：73 - 82.

[74] 沈费伟. 技术嵌入与制度吸纳：提高政府技术治理绩效的运作逻辑 [J]. 自然辩证法通讯，2021，43 (2)：80 - 86.

[75] 沈荣华. 提高政府公共服务能力的思路选择 [J]. 中国行政管理，2004 (1)：29 - 32.

[76] 世界卫生组织，世界银行. 世界残疾报告（概要）[J]. 中国康复理论与实践，2011，17 (6)：501 - 507.

[77] 斯蒂芬·戈德史密斯，威廉·D. 埃格斯. 网络化治理：公共部门的新形态 [M]. 孙迎春，译. 北京：北京大学出版社，2008.

[78] 孙开. 公共经济学 [M]. 武汉：武汉大学出版社，2007.

[79] 孙伟平，赵宝军. 信息社会的核心价值理念与信息社会的建构 [J]. 哲学研究，2016 (9)：120 - 126.

[80] 孙珠峰，胡伟. 后新公共管理改革的起因研究 [J]. 学术探索，

2015 (1): 7-17.

[81] 陶国根. 大数据视域下的政府公共服务创新之道 [J]. 电子政务, 2016, 158 (2): 77-82.

[82] 汪向东. 我国电子政务的进展、现状及发展趋势 [J]. 电子政务, 2009 (7): 44-68.

[83] 王丽莉, 田凯. 新公共服务: 对新公共管理的批判与超越 [J]. 中国人民大学学报, 2004 (5): 104-110.

[84] 王浦劬. 国家治理、政府治理和社会治理的含义及其相互关系 [J]. 国家行政学院学报, 2014 (3): 11-17.

[85] 王少泉. 新时代我国数字政府治理平台建构分析 [J]. 中共山西省直机关党校学报, 2018 (4): 36-40.

[86] 王伟玲. 从起跑到加速: 我国电子政务的四次嬗变 [J]. 中国工业和信息化, 2019 (5): 92-96.

[87] 王小芳, 纪汉霖. 双边市场的识别与界定: 争论及最新进展 [J]. 产业经济评论, 2013, 12 (3): 1-12.

[88] 王永明. 智能化时代城市公共服务平台的构建 [J]. 学术交流, 2020 (10): 114-123.

[89] 王正攀. 公共服务实现精细化治理的路径 [N]. 中国社会科学报, 2017-04-26 (007).

[90] 王志刚, 周孝, 陈旭, 等. 政府采购数字化转型的成效与挑战——以"政采云"为例 [J]. 中国政府采购, 2019 (12): 59-67.

[91] 王志刚. 财政数字化转型与政府公共服务能力建设 [J]. 财政研究, 2020 (10): 19-30.

[92] 温雅婷, 余江, 洪志生, 等. 数字化转型背景下公共服务创新路径研究——基于多中心—协同治理视角 [J]. 科学学与科学技术管理, 2021, 42 (3): 101-122.

[93] 翁列恩, 李幼芸. 政务大数据的开放与共享: 条件、障碍与基本准则研究 [J]. 经济社会体制比较, 2016 (2): 113-122.

［94］翁士洪. 数字时代治理理论——西方政府治理的新回应及其启示［J］. 经济社会体制比较，2019（4）：138－147.

［95］吴国玖，金世斌，甘继勇. 政务热线：提升城市政府治理能力的有力杠杆——以南京市“12345”政府公共服务平台为例［J］. 现代城市研究，2014（7）：98－102.

［96］吴汉东. 国家治理现代化的三个维度：共治、善治与法治［J］. 法制与社会发展，2014，20（5）：14－16.

［97］吴汉洪，孟剑. 双边市场理论与应用述评［J］. 中国人民大学学报，2014，28（2）：149－156.

［98］吴晓林. 技术赋能与科层规制——技术治理中的政治逻辑［J］. 广西师范大学学报（哲学社会科学版），2020，56（2）：73－81.

［99］吴旭红，何瑞. 超越“虚拟的美丽”：技术与制度互构的理论阐释［J］. 北方民族大学学报（哲学社会科学版），2018（2）：141－148.

［100］夏志强. 国家治理现代化的逻辑转换［J］. 中国社会科学，2020（5）：4－27＋204.

［101］谢秋山，陈世香. 中西部农村公共服务数字化转型面临的挑战及其应对［J/OL］. 电子政务，2021－04－09，http://kns.cnki.net/kcms/detail/11.5181.TP.20210409.0847.002.html.

［102］徐信予，杨东. 平台政府：数据开放共享的“治理红利”［J］. 行政管理改革，2021（2）：54－63.

［103］薛金刚，庞明礼. “互联网＋”时代的大数据治理与官僚制治理：取代、竞争还是融合？——基于嵌入性的分析框架［J］. 电子政务，2020（4）：81－90.

［104］于施洋，王建冬，童楠楠. 国内外政务大数据应用发展述评：方向与问题［J］. 电子政务，2016（1）：2－10.

［105］郁建兴，秦上人. 论基本公共服务的标准化［J］. 中国行政管理，2015（4）：47－51.

［106］张丙宣. 政府的技术治理逻辑［J］. 自然辩证法通讯，2018，

40 (5): 95 - 102.

[107] 张砥. 在信息公开问题上政府的“说”就是“做”[N]. 北京日报, 2016 - 05 - 13 (003).

[108] 张会平, 李茜, 邓琳. 大数据驱动的公共服务供给模式研究[J]. 情报杂志, 2019, 38 (3): 166 - 172 + 179.

[109] 张顺, 费威, 佟烁. 数字经济平台的有效治理机制——以跨境电商平台监管为例 [J]. 商业研究, 2020 (4): 49 - 55.

[110] 张晓, 鲍静. 数字政府即平台: 英国政府数字化转型战略研究及其启示 [J]. 中国行政管理, 2018 (3): 27 - 32.

[111] 张新生. 创新社会治理: 大数据应用与公共服务供给侧改革[J]. 南京社会科学, 2018 (12): 66 - 72.

[112] 张毅, 马冉, 赵阳, 等. 科层制嵌入视角下的跨部门合作与服务下沉: 基于案例的比较研究 [J]. 中国行政管理, 2018 (12): 47 - 52.

[113] 张云翔. 公共服务的共同生产: 文献综述及其启示 [J]. 甘肃行政学院学报, 2018 (5): 31 - 45.

[114] 周江平, 罗依平. 多元共治: 助推公共服务供给侧改革 [N]. 中国社会科学报, 2017 - 11 - 14 (004).

[115] 周文彰. 数字政府和国家治理现代化 [J]. 行政管理改革, 2020 (2): 4 - 10.

[116] 周雪光. 权威体制与有效治理: 当代中国国家治理的制度逻辑[J]. 开放时代, 2011 (10): 67 - 85.

[117] 朱春奎, 易雯. 公共服务合作生产研究进展与展望 [J]. 公共行政评论, 2017, 10 (5): 188 - 201.

[118] 竺乾威. 从新公共管理到整体性治理 [J]. 中国行政管理, 2008 (10): 52 - 58.

[119] 竺乾威. 新公共治理: 新的治理模式? [J]. 中国行政管理, 2016 (7): 132 - 139.

[120] Aker J C, Ghosh I, Burrell J. The Promise (and Pitfalls) of ICT for

Agriculture Initiatives [J]. Agricultural Economics, 2016, 47 (S1): 35 -48.

[121] Aker J C. Dial A for Agriculture: A Review of ICTs for Agricultural Extension in Developing Countries [J]. Agricultural Economics, 2011, 42 (6): 631 -47.

[122] Aker J. Information from Markets Near and Far: Mobile Phones and Agricultural Markets in Niger [J]. American Economic Journal: Applied Economics, 2010, 2 (3): 46 -59.

[123] Armstrong M. Competition in two - sided markets [J]. The RAND Journal of Economics, 2006, 37 (3): 668 -691.

[124] Armstrong M. Multiproduct Nonlinear Pricing [J]. Econometrica, 1996, 64 (1): 51 -75.

[125] Bekkers V, Zouridis S. Electronic Service Delivery in Public Administration: Some Trends and Issues [J]. International Review of Administrative Sciences, 1999, 65 (2): 183 -195.

[126] Bhatnagar S. Using ICT to improve governance and service delivery to the poor [A]. Deolalikar A B, Jha S, Quising P F. Governance in Developing Asia: Public Service Delivery and Empowerment [M]. Northampton: Edward Elgar Publishing, Inc. , 2015.

[127] Bouckaert G. Governance: a typology and some challenges [A].

[128] Massey A, Johnston K. The international handbook of public administration and governance [M]. Cheltenham, UK. : Edward Elgar Publishing, 2015.

[129] Boyd D. Privacy and publicity in the context of big data [R]. Keynote Talk of The 19th Int'l Conf. on World Wide Web, 2010.

[130] Bozeman B. Public Values and Public Interest: Counterbalancing Economic Individualism [M]. Washington, DC: Georgetown University Press, 2007.

[131] Brudney J L. The evaluation of coproduction programs [J]. Policy

Studies Journal, 1983, 12 (2): 376 -385.

[132] Buchanan J M. An Economic Theory of Clubs [J]. Economica, 1965, 32 (125): 1 -14.

[133] Choi H, Varian H. Predicting the present with Google Trends [J]. Economic Record, 2012, 88: 2 -9.

[134] Clarke J, Newman J. The Managerial State: power, politics and ideology in the remaking of social welfare [M]. London: Sage, 1997.

[135] Collier D. Understanding Process Tracing [J]. Political Science and Politics, 2011, 44 (4): 823 -830.

[136] Denhardt J V, Denhardt R B. The New Public Service Revisited [J]. Public Administration Review, 2015, 75 (5): 664 -672.

[137] Denhardt R B, Denhardt J V. The New Public Service: Serving Rather Than Steering [J]. Public Administration Review, 2000, 60 (6): 549 -559.

[138] Dunleavy P, Margetts H, Bastow S, Tinkler J. Digital Era Governance: It Corporations, the State, and E -Government [M]. Oxford, UK.: Oxford University Press, 2006.

[139] Dunleavy P, Margetts H, Bastow S, Tinkler J. New Public Management is Dead—Long Live Digital -Era Governance [J]. Journal of Public Administration Research and Theory, 2006, 16 (3): 467 -494.

[140] Evans D S. Some Empirical Aspects of Multi -Sided Platform Industries [J]. Review of Network Economics, 2003, 2 (3): 191 -209.

[141] Filistrucchi L, Geradin D, van Damme E. Identifying Two -Sided Markets [J]. World Competition: Law and Economics Review, 2013, 36 (1): 33 -60.

[142] Filistrucchi L, Klein T J. Price Competition in Two -Sided Markets with Heterogeneous Consumers and Network Effects [R]. NET Institute, Working Papers 13 -20, 2013, https: //ideas. repec. org/p/net/wpaper/1320. html.

[143] Gans J S, King S P. The Neutrality of Interchange Fees in Payment Systems [J]. The B. E. Journal of Economic Analysis & Policy, 2003, 3 (1): 1-18.

[144] Goldfarb A, Tucker C. Digital Economics [J]. Journal of Economic Literature, 2019, 57 (1): 3-43.

[145] Gorla N. Hurdles in rural e-government projects in India: Lessons for developing countries [J]. Electronic Government An International Journal, 2008, 5 (1): 91-102.

[146] Jarke J. Co-creating digital public services for an ageing society: Evidence for user-centric design [M]. Cham: Springer, 2020.

[147] Katz M L, Shapiro C. Network Externalities, Competition, and Compatibility [J]. The American Economic Review, 1985, 75 (3): 424-440.

[148] Kelley T M, Johnston E. Discovering the Appropriate Role of Serious Games in the Design of Open Governance Platforms [J]. Public Administration Quarterly, 2012, 36 (4): 504-554.

[149] Khoury M J, Ioannidis J P A. Big Data Meets Public Health [J]. Science, 2014, 28, 346 (6213): 1054-1055.

[150] Maciejewski M. To Do more, Better, Faster and More Cheaply: using Big Data in Public Administration [J]. International Review of Administrative Sciences, 2017, 83 (1): 120-135.

[151] Mahoney J. The Logic of Process Tracing Tests in the Social Sciences [J]. Sociological Methods & Research, 2014, 41 (4): 570-597.

[152] Meyer J W, Rowan B. Institutionalized Organizations: Formal Structure as Myth and Ceremony [J]. American Journal of Sociology, 1977, 83 (2): 340-363.

[153] Misuraca G, Broster D, Centeno C, et al. Envisioning digital europe 2030: Scenarios for ICT in future governance and policy modelling [R]. JRC

Scientific and Technical Reports, https://warwick. ac. uk/fac/soc/pais/research/resea - rchcentres/csgr/green/foresight/scienceinnovation/2010_ecjrc_envisioning_digital_europe_2030. pdf.

[154] Mueller M L. Ruling the root: Internet Governance and the Taming of Cyberspace [M]. Cambridge, MA.: MIT Press, 2002.

[155] Nakasone E, Torero M, Minten B. The Power of Information: The ICT Revolution in Agricultural Development [J]. Annual Review of Resource Economics, 2014 (6): 533 - 550.

[156] O'Reilly T. Government as a Platform [J]. Innovation: Technology, governance, globalization, 2011, 6 (1): 13 - 40.

[157] Perri P, Leat D, Seltzer K. Towards Holistic Governance: The New Reform Agenda [M]. UK. Palgrave: Basingstoke, 2002.

[158] Rochet J C, Tirole J. Two - Sided Markets: A Progress Report [J]. The RAND Journal of Economics, 2006, 37 (3): 645 - 667.

[159] Rohlfs J. A Theory of Interdependent Demand for a Communications Service [J]. Bell Journal of Economics and Management Science, 1974, 5 (1): 16 - 37.

[160] Rysman M. The Economics of Two - Sided Markets [J]. Journal of Economic Perspectives, 2009, 23 (3): 125 - 43.

[161] Shy O. A Short Survey of Network Economics [J]. Review of Industrial Organization, 2011, 38 (2): 119 - 149.

[162] Spence A M. Multi - Product Quantity - Dependent Prices and Profitability Constraints [J]. The Review of Economic Studies, 1980, 47 (5): 821 - 841.

[163] Stephane L. We All Need Help: "Big Data" and the Mismeasure of Public Administration [J]. Public Administration Review, 2016, 76 (6): 864 - 872.

[164] Wachhaus A. Platform Governance: Developing Collaborative

Democracy [J]. Administrative Theory & Praxis, 2017, 39 (3): 206 -221.

[165] Walravens N, Ballon P. Platform Business Models for Smart Cities: From Control and Value to Governance and Public Value [J]. IEEE Communications Magazine, 2013, 51 (6): 72 -79.